Marcelo Baena Moreno

Criando um CV de Negócios Vencedor

Através de centenas de realizações profissionais de destaque nos 21 domínios principais de negócios

- Público alvo: Estudantes, Graduados e Pós-Graduados em qualquer área do conhecimento, mas que trabalhem com negócios

- Comunicação persuasiva e exitosa para a tarefa crucial de encantar atuais e potenciais empregadores

I0462262

1ª Edição em Português, Charleston, 2016

Uma maneira correta de citar esta obra será:
Moreno, M. B. (2016) Criando um CV de Negócios Vencedor – Através de centenas de realizações profissionais de destaque nos 21 domínios principais de negócios, 1ª Edição em Português, Marcelo Baena Moreno, Charleston, Estados Unidos, 171 páginas

Nota do Autor

O autor esforçou-se para publicar dados e informações confiáveis, porém o autor não se responsabiliza nem pela validade das informações apresentadas nem pelas conseqüências do uso que o leitor realizar com elas. O autor consultou um programa de computador para detecção de plágio, tendo concluído que as informações contidas neste livro praticamente não apresentam uma correlação com a base de dados analisada, a qual pareceria ser uma das mais amplas do mercado editorial.

Para minha Família e meus Amigos

Índice

Prefácio, 7

Sobre o Autor, 8

Introdução, 9

Capítulo 1 – Dados Pessoais, 13

Capítulo 2 - Formação Acadêmica, 16

Capítulo 3 – Experiência em Negócios, 20

3.1.Governança Corporativa, 22

3.2.Estratégia, 27

3.3.Administração de Empresas, 31

3.4.Cultura Organizacional, 38

3.5.Direito, 45

3.6.Gestão de Operações, 50

3.7.Negociação, 55

3.8.Marketing, 59

3.9.Comércio Exterior, 66

3.10.Suprimentos, 72

3.11.Recursos Humanos, 77

3.12.Comportamento Organizacional, 81

3.13.Contabilidade, 85

3.14.Gestão do Crédito, 90

3.15.Finanças, 93

3.16.Economia, 98

3.17.Seguros, 103

3.18.Gestão da Qualidade, 107

3.19.Gestão Ambiental, 112

3.20.Responsabilidade Social, 117

3.21.Real Estate, 122

3.22.Exemplo de CV de uma página, 127

3.23.Considerações finais sobre experiência em negócios, 130

Capítulo 4 – Experiência em Tecnologia da Informação, 134

4.1.Domínio de hardware, 134

4.2.Domínio de software, 135

4.3. Exemplo de CV detalhado, 137

4.4.Exemplo de CV de uma página, 138

4.5.Considerações finais sobre experiência em tecnologia da informação, 138

Capítulo 5 – Experiência Internacional, 140

5.1.Domínio de línguas estrangeiras, 140

5.2.Relacionamento com países estrangeiros, 145

5.3.Exemplo de CV detalhado, 146

5.4.Exemplo de CV de uma página, 151

5.5.Considerações finais sobre experiência internacional, 152

Referências por ordem de seção, 154

Prefácio

Esta primeira edição de "Criando um CV de Negócios Vencedor" foi escrita para guiar estudantes e formados sobre quais realizações profissionais de negócios são possíveis, desejáveis e preferíveis para promovê-los junto a atuais e potenciais empregadores. A principal vantagem do livro é ser direto nos ensinamentos, convidando o leitor a adaptá-los ao seu próprio CV. No decorrer desta publicação, as realizações profissionais são propostas em 21 assuntos principais de negócios: Governança Corporativa, Estratégia, Administração de Empresas, Cultura Organizacional, Direito, Gestão de Operações, Negociação, Marketing, Comércio Exterior, Suprimentos, Recursos Humanos, Comportamento Organizacional, Contabilidade, Gestão do Crédito, Finanças, Economia, Seguros, Gestão da Qualidade, Gestão Ambiental, Responsabilidade Social e Real Estate. **Ora, para ser dono de um CV de Negócios Vencedor, basta um ou mais destes assuntos, e dentro dele(s) é esperada a maioria dos subtítulos e a maior parte das realizações profissionais apresentadas em cada subtítulo, caso for apresentado um CV detalhado, ou uma seleção destas realizações, caso pretenda apresentar um CV de uma página.**

Sobre o Autor

Ocupando importantes cargos executivos em empresas de destaque nacional e internacional, o autor escreveu o livro enquanto conduzia, nos últimos 20 anos, uma boa parte das realizações profissionais que o livro apresenta. Sua formação acadêmica consiste no curso de Engenharia Civil (Universidade Estadual de Campinas) e no Mestrado em Transporte Aéreo e Aeroportos (Instituto Tecnológico de Aeronáutica), no Brasil.

Introdução

No 3º milênio, as pessoas no mundo têm acesso amplo e algumas vezes irrestrito à informação através da internet e simultaneamente o ensino superior é alcançado bem mais facilmente hoje em dia do que era alcançado décadas atrás. Nas empresas são realizados treinamentos para exercer as mais variadas funções e para operar complexos sistemas de informação. Dessa forma, os profissionais buscam aprimorar constantemente suas habilidades para realizar tarefas que exigem cada vez mais tomadas de decisão em todos os níveis hierárquicos.

Neste ínterim de maior liberdade de ações por parte dos profissionais, surgem oportunidades para desenvolver tarefas com potencial de inovação e contribuição decisiva para a sobrevivência e crescimento das empresas, as quais lutam incessantemente por posicionar seus produtos e serviços entre os mais procurados pela clientela.

Porém, estas oportunidades de contribuição muitas vezes não são aproveitadas como deveriam por falta de um guia enumerando quais são as realizações possíveis, desejáveis e preferíveis. Este livro se propõe a ser este guia, trazendo ideias de atividades que fazem toda a diferença e promovem os executivos tanto para os atuais como para os potenciais empregadores, os quais são responsáveis por recompensar boas práticas, através de feedback positivo, proporcionando qualidade de vida no trabalho, balanço trabalho/lazer e remunerações mais atraentes.

Este livro apresenta centenas de ideias de realizações profissionais vencedoras, as quais fazem um profissional se destacar da multidão como exemplo a ser seguido e que são decisivas para o almejado sucesso operacional e estratégico de micro, pequenas, médias e grandes empresas. O ponto de partida destas realizações são as referências do livro, por este motivo consultá-las é recomendado.

O livro é dividido em cinco capítulos. O breve **Capítulo 1 -**
Dados Pessoais trata da apresentação inicial e dados para
contato do titular do CV. Em seguida, o **Capítulo 2 -**
Formação Acadêmica objetiva evidenciar realizações
intelectuais no âmbito de instituições de ensino ou conduzidas
fora dele durante o longo período de estudos universitários. Já
o **Capítulo 3 - Experiência em Negócios** é o apogeu do livro,
no qual são apresentadas e comentadas as realizações
vencedoras do profissional de negócios. Elas estão agrupadas
em 21 assuntos principais de negócios: Governança
Corporativa, Estratégia, Administração de Empresas, Cultura
Organizacional, Direito, Gestão de Operações, Negociação,
Marketing, Comércio Exterior, Suprimentos, Recursos
Humanos, Comportamento Organizacional, Contabilidade,
Gestão do Crédito, Finanças, Economia, Seguros, Gestão da
Qualidade, Gestão Ambiental, Responsabilidade Social e Real
Estate. Na seqüência, vem o **Capítulo 4 - Experiência em**
Tecnologia da Informação, o qual relata o nível de
conhecimento em computação mínimo exigido para progredir
na carreira de negócios e aquele necessário aos que pretendem
se destacar nesse quesito. Por fim, mas não menos
importantemente, é alcançado o **Capítulo 5 - Experiência**
Internacional, que organiza o domínio de línguas estrangeiras
e o relacionamento com os países estrangeiros.

Ao longo do livro, as letras maiúsculas "X" e "Y" aparecem diversas vezes. Quando elas surgirem, elas devem ser mentalmente substituídas por um número, porcentagem, palavra ou frase que, segundo a carreira do candidato, corresponda a uma afirmação verossímil sobre o seu histórico profissional e acadêmico.

Para encerrar esta introdução, observo que o objetivo desta obra vai além de trazer frases prontas a serem transferidas para o seu CV. As pessoas possuem características individuais diferentes, bem como históricos profissionais e acadêmicos próprios, o que permitirá a geração de novas idéias adaptadas aos próprios leitores, baseada nestes dados de entrada. A obra também pode ser usada como livro-texto dos cursos "Introdução á Administração" e "Gestão da Carreira de Negócios".

Boa Leitura!

Capítulo 1 – Dados Pessoais

As informações pessoais mínimas indispensáveis ao CV são o nome completo e os dados para contato imediato preferido, que são, ou o endereço de e-mail, ou o telefone fixo residencial, ou o telefone celular, ou até mesmo os três.

A citação do endereço residencial permite ao recrutador conhecer a proximidade ao local de trabalho, ou ao mercado consumidor (no caso de profissionais de vendas externas). Esta informação pode ajudar quem recruta a calcular possíveis despesas mensais futuras com transporte. No caso de vagas de trabalho em outras cidades que demandem mudança de residência fixa, o candidato deve mencionar que está (ou estará na data de início do contrato de trabalho) apto e disponível para essa nova situação. Em se tratando de uma cidade no exterior, pode ser útil para o processo seletivo informar a nacionalidade, local e data de nascimento ou ainda a possível dupla cidadania (caso possua).

Pode ser interessante e apropriado mencionar um blog ou sítio de internet mantido pelo aspirante à vaga se houver uma relação positiva entre o assunto tratado neste endereço virtual e o ramo de atividade da empresa anunciante da vaga ou ainda que uma habilidade demonstrada nesse local seja pertinente para o posto de trabalho almejado. Além do mais cresce continuamente o número de profissionais de recrutamento que, seja implícita ou explicitamente, buscam informações e tiram conclusões sobre características pessoais dos candidatos através dos perfis dos mesmos em redes sociais de ampla difusão ou número de seguidores. Por isso cabe ao candidato a decisão de informar ou não sobre a sua participação nessas redes, bem como manter uma postura adequada nelas de forma a não apenas não estragar um belo histórico de realizações profissionais, como também fazer com que elas o promovam nas decisões de contratação.

Finalmente, com relação à forma, sugere-se centralizar os dados pessoais na parte superior da página. Caso o candidato decida incluir todas as informações discutidas anteriormente, elas ocuparão aproximadamente quatro linhas. Recomenda-se que o nome completo seja escrito em negrito e seja dado destaque ao último sobrenome. Além disso, deve-se escolher uma combinação de fonte e tamanho de letra que denotem seriedade, por exemplo, Microsoft Times New Roman tamanhos 11 ou 12, ou ainda, Arial tamanhos 10 ou 11. Por motivo de consistência, a combinação escolhida deverá ser utilizada também nas outras seções do CV. Segue abaixo o posicionamento sugerido para os dados pessoais:

Nome Sobrenome SOBRENOME
Rua, nº – Bairro – Cidade – Estado – País – CEP
Casa: 0000-0000 – Celular: 00000-0000 – Email
Nacionalidade – Local e Data de Nascimento

Capítulo 2 - Formação Acadêmica

A vida profissional exige um mínimo de formação acadêmica. Este mínimo varia de acordo com as atividades e responsabilidades de cada cargo. Além das próprias formações em negócios (Administração de Empresas, Direito, Economia, Marketing, Contabilidade, e assim por diante), muitas outras podem ser úteis para cargos de negócios, numa análise caso a caso (como Engenharia, Medicina e muito mais). A apresentação dos cursos deve preferencialmente começar do mais recente e provavelmente mais elevado grau atingido, ou seja, possivelmente a pós-graduação e depois a graduação. As informações básicas são o nome do curso e respectivo nível, a denominação da instituição de nível superior, sua localização e início e fim do curso, que podem ser acrescidas de uma ou várias realizações acadêmicas e profissionais de desempenho ímpar quando existirem, num CV detalhado, ou apenas a principal realização num CV de uma página, conforme sugestões a seguir:

Início – Término Universidade, Cidade, País
Nome do curso de pós-graduação
(Especialização, Mestrado ou Doutorado)

- Média no curso = X% (Y% melhores da classe)

- Pontuação no Exame X = Y% (os exames internacionais são GMAT, GRE General, GRE Subject, TOEIC, TOEFL e IELTS, mas alguns países oferecem também exames próprios, por isso o candidato deve verificar com a sua instituição de ensino). Para detalhes sobre o GMAT, acesse www.gmac.com, a respeito do GRE General Test e GRE Subject Test, visite www.ets.org/gre, saiba mais a respeito do TOEIC em www.ets.org/toeic, sobre o TOEFL visite www.ets.org/pt/toefl, com relação ao IELTS veja www.ielts.org.

- Internato realizado na "Empresa", Cidade, País (12 semanas), tendo realizado "tais tarefas"

- Intercâmbio internacional na "Instituição", Cidade, País (3 meses)

- Trabalho de Conclusão, Dissertação ou Tese intitulada "Título"

- Apresentação do artigo técnico "Título" no "Congresso" (Ano)

- Publicação do artigo técnico "Título" no "Periódico" (Ano)

Início - Término Universidade, Cidade, País

Nome do curso de graduação

- X° colocado no exame de admissão entre Y candidatos

- X° colocado no exame de admissão entre Y matriculados

- Admitido pela primeira vez no segundo ano do ensino médio

- Média no curso = X% (Y% melhores da turma)

- Nota no exame X = Y% (O candidato deve verificar o exame nacional de escola secundária adotado pela sua universidade no processo seletivo)

- Monitor bolsista na disciplina "Nome" (1 ano)

- Bolsista de iniciação científica sobre "Assunto" (1 ano)

- Trabalho de conclusão de curso intitulado "Título"

- Vencedor do Prêmio "prêmio", organizado pela "entidade" ("Ano")

- X° colocado no concurso "assunto", organizado pela "entidade" ("Ano")

- Intercâmbio internacional na "Universidade", Cidade, País (1 ano)
- Voluntário da ONG "Denominação" ("Período"), desenvolvendo "tais atividades" e alcançando "tal resultado"
- Visita Técnica na "Empresa", Cidade, País, onde foram mostradas "tais instalações e processos de fabricação" do "produto final" ("Ano")
- Estágio na "Empresa", Cidade, País, realizando "tais atividades" e alcançando "tal resultado" (duração)
- Organizador do "Evento", Cidade, País para "público" ("Ano")

Capítulo 3 – Experiência em Negócios

A experiência em negócios às vezes é precedida de um item chamado "objetivo profissional". Esta inserção fica a critério do candidato, já que pode ser omitida se o histórico profissional fornecer indicações claras de qual é e tem sido este objetivo durante a carreira. Caso a vaga em questão signifique uma mudança de direção na carreira, o objetivo profissional deve ser escrito e justificado.

As informações profissionais mínimas iniciam-se por dados básicos em negrito como nome da empresa, localização, mês e ano de início e término e cargos ocupados. Numa análise caso a caso, também pode ser útil ilustrar dados complementares como ramo de atividade, faturamento anual, número de funcionários, sítio de internet, remuneração recebida e tempo que permaneceu em cada cargo, conforme segue:

Início **Empresa, Cidade, Estado, País**
Término **Ramo – Faturamento – Funcionários – Internet**
Cargo 1 – Remuneração 1 (duração)
Cargo ... – Remuneração ... (duração)
Cargo Atual – Remuneração Atual (duração)

Logo em seguida começam as atividades desenvolvidas pelo profissional na empresa. Definimos como atividades de alto nível em negócios aquelas que se enquadram num dos 21 tópicos propostos: Governança Corporativa, Estratégia, Administração de Empresas, Cultura Organizacional, Direito, Gestão de Operações, Negociação, Marketing, Comércio Exterior, Suprimentos, Recursos Humanos, Comportamento Organizacional, Contabilidade, Gestão do Crédito, Finanças, Economia, Seguros, Gestão da Qualidade, Gestão Ambiental, Responsabilidade Social e Real Estate. Não é esperado que o candidato possua realizações profissionais em todos os tópicos apresentados, e muito menos que transcreva estas informações literalmente para o próprio CV. Para ser dono de um CV de Negócios Vencedor basta ter um ou mais destes tópicos e a maioria dos subtítulos dentro dele(s) e a maior parte realizações profissionais apresentadas em cada subtítulo, caso deseje apresentar um CV detalhado, ou uma seleção destas realizações, caso o objetivo seja apresentar um CV de uma página. E o CV não deve ser geral, mas sim adaptado à vaga pleiteada, ou seja, ressaltando suas realizações profissionais mais importantes para o perfil da vaga em questão, sempre refletindo o caráter do candidato.

3.1.Governança Corporativa

A Governança Corporativa constitui um sistema de supervisão da conduta dos principais executivos da empresa e do trabalho realizado por eles a fim de que eles não pratiquem ações em benefício próprio em detrimento de outras partes interessadas na empresa, das quais os acionistas são a mais importante. Abaixo seguem as realizações profissionais deste assunto:

GOVERNANÇA CORPORATIVA:

Gestão Estratégica: *Planejamento*: (1) Familiarizado com o Sarbanes-Oxley Act de 2002 [1]; (2) Projetou um sistema de governança corporativa para a empresa, determinando número de conselheiros, duração do mandato e número de reuniões por ano; (3) Desenvolveu políticas de governança corporativa; (4) Definiu de quantos e quais conselhos de administração de outras corporações nosso CEO poderia participar; (5) Organizou eleição dos conselheiros [2]; (6) Avaliou critérios de decisão para serem utilizados em eleições e Escolheu o mais apropriado para o nosso caso; *Execução*: (1) Lidou com a mídia com relação a escândalos de contabilidade; (2) Reuniu provas para responder processos jurídicos; (3) Manteve custos de agência abaixo dos custos de implementação e manutenção do sistema de governança corporativa; (4) Detectou onde receitas foram massageadas; (5) Apontou alguns conselheiros independentes; (6) Reviu a eficácia dos controles internos [3]; (7) Proporcionou aos acionistas maior influência sobre as eleições e remuneração dos altos executivos; (8) Conseguiu que novos acionistas pagassem prêmio de X% pela nossa empresa bem governada; (9) Contratou um seguro de responsabilidade civil de conselheiros e diretores; (10) Aumentou de X% o retorno sobre ações anuais e (11) Monitorou os indicadores de desempenho para determinar o sucesso dos diretores e recompensá-los

Comitês: *Planejamento*: (1) Organizou os comitês do conselho de administração [4]; (2) Criou comitês especializados quando requerido [5]; *Comitê de Auditoria*: (1) Examinou a integridade de balanços patrimoniais publicados [6]; (2) Chegou a um acordo com a diretoria quanto aos parâmetros de qualidade contábil; (3) Supervisionou a satisfação das regulamentações que recaem sobre sociedades de capital aberto [7]; (4) Recebeu a Respondeu queixas sobre a contabilidade da empresa; (5) Engajou os funcionários e o regulador em detectar fraudes; (6) Criou uma lista de checagem para monitorar o comportamento do CEO com relação a potencial intenção de fraudar o balanço patrimonial; (7) Trocou o auditor a cada X anos; (8) Supervisionou a relação entre o auditor externo e nossa empresa; (9) Estabeleceu um número de telefone para denúncias [9]; (10) Monitorou processos de controle interno [10]; *Comitê de Remuneração*: (1) Estabeleceu o pacote de remuneração do CEO (salário, bônus, opções de ações e gratificações) e o uniu a objetivos de desempenho de longo prazo [11]; (2) Concedeu a altos executivos e diretores participação no capital social; (3) Explicou a filosofia de remuneração; (4) Permitiu que acionistas opinassem sobre a remuneração dos altos executivos; (5) Atraiu, Reteve e Motivou o CEO; (6) Concedeu um pacote de benefícios para o período de aposentadoria; *Comitê de Governança*: (1) Avaliou e

24

Melhorou a estrutura e os processos de governança da empresa [12]; _Comitê de Nomeação_: (1) Desenvolveu um plano de sucessão para o CEO [13]; (2) Criou um perfil de habilidades e experiência [14]; (3) Identificou, Entrevistou e Avaliou candidatos [15]; (4) Comandou competições pela posição de CEO; (5) Revelou aos acionistas o passado acadêmico e profissional dos candidatos; (6) Construiu consenso ao redor de um candidato favorito [16]; (7) Proporcionou uma transição suave para candidatos internos a posições de CEO; (8) Terminou o contrato de trabalho de CEOs com desempenho ruim [17]; _Comitê de Risco_: (1) Identificou e Avaliou riscos [18]; (2) Gerenciou riscos financeiros, de reputação e de conformidade [19]; (3) Revelou riscos aos acionistas [20]; (4) Desenvolveu uma cultura de gestão de riscos [21]; (5) Definiu políticas relacionadas a riscos [22]; (6) Emitiu relatórios sobre riscos [23]; (7) Determinou o perfil de risco da empresa [24] e (8) Assegurou que a empresa estivesse operando num nível de risco apropriado [25]

Propriedade, da Empresa por parte dos Executivos: (1) Analisou a relação entre propriedade da empresa e comportamento de executivos proprietários [26]; (2) Elaborou um documento e Coletou a assinatura do CEO no qual ele se comprometia a revelar informações assim que elas tornarem-se disponíveis, e não quando preferível e (3) Impediu executivos de realizar compra e venda de ações no curto prazo [27]

Fusões e Aquisições: (1) Protegeu a empresa contra aquisições hostis [28]; (2) Encorajou aquisições amigáveis [29]; (3) Desaprovou comportamento de certos executivos de realizar aquisições por imitação de colegas atuantes no mercado [30]; (4) Em fusões, Escolheu uma das empresas para ser anunciada como sendo comprada [31]; (5) Conferiu um pacote de benefícios ao nosso CEO quando nossa empresa foi comprada [32]; (6) Monitorou a empresa alvo de aquisição pela nossa empresa a fim de prever o uso de mecanismos contra aquisições [33]; (7) Entendeu os motivos de compradores potenciais da nossa empresa [34] e (8) Eliminou provisões contra aquisições que não protegiam verdadeiramente os interesses de acionistas [35]

Acionistas institucionais e investidores ativistas: (1) Encorajou detentores de blocos de ações a exercer monitoramento do desempenho gerencial e compensação [36]; (2) Prestou assistência a acionistas institucionais na contratação de uma empresa de aconselhamento de alta reputação [37]; (3) Assistiu acionistas institucionais sobre questões sensíveis a serem votadas e (4) Ajustou planos para serem votados a fim de receber aprovação de acionistas institucionais

Avaliações: (1) Comparou métricas dentro da nossa indústria publicadas por instituições que medem a eficácia dos sistemas de governança [38]; (2) Enviou diretores para programas de treinamento acreditados por estas instituições e (3) Emitiu uma notícia de imprensa relatando a nossa melhoria na pontuação nas avaliações emitidas pelas instituições acima

3.2.Estratégia

Estratégia compreende o planejamento e execução de ações e decisões que visam guiar as atividades da empresa no seu total. As atividades profissionais com relação a este assunto são apresentadas abaixo:

ESTRATÉGIA:

Planejamento: _Organização_: (1) Determinou as forças e fraquezas da nossa empresa [1]; (2) Desenvolveu uma estratégia explícita [2]; (3) Comprometeu-se com a estratégia escolhida [3]; (4) Demonstrou ajuste ao ambiente no qual trabalhamos e aos recursos que dispomos [4]; (5) Planejou a expansão da capacidade no longo prazo [5]; (6) Decidiu operar no mercado global [6]; _Indústria_: (1) Coletou dados sobre as indústrias às quais pertencemos [7]; (2) Analisou estas indústrias [8]; (3) Decidiu em quais novas indústrias operar [9]; (4) Identificou barreiras à entrada e saída nestas indústrias [10]; _Competidores_: (1) Desenvolveu um sistema de inteligência sobre competidores [11]; (2) Coletou informações sobre os objetivos e valores declarados e prováveis dos competidores [12]; (3) Identificou as estratégias, atitudes e habilidades dos competidores [13]; (4) Analisou nossos competidores, os seus compromissos demonstrados e contratuais [14] e a relativa importância dos mercados em que participam; (5) Descobriu como os seus executivos são motivados e recompensados [15]; (6) Determinou as posições reais dos competidores no mercado e se eles percebem desta maneira [16] e (7) Construiu uma lista de checagem para avaliar a habilidade defensiva dos competidores [17]

Execução: *Prevenção do ingresso de competidores*: (1) Diminuiu o custo marginal de itens produzidos enquanto Aumentou a produção [18]; (2) Adicionou serviços auxiliares às nossas ofertas [19]; (3) Criou custos de troca de fornecedores para nossos clientes [20]; (4) Participou em indústrias que requerem alto investimento de capital para serem viáveis [21]; (5) Desenvolveu canais de distribuição leais que como resultado não quiseram acomodar quem ingressava no nosso ramo [22]; *Nível de competição industrial*: (1) Entrou em indústrias com baixo nível de competição [23], nas quais sempre há espaço para crescer mediante esforço dos empregados *Disponibilidade de produtos substitutos*: (1) Identificou substitutos [24]; (2) Incluiu produtos substitutos aos nossos produtos principais na nossa linha de produtos [25]; *Negociação com Clientes*: (1) Escolheu atender os clientes que apresentam menos influência sobre os nossos preços de venda [26]; (2) Proporcionou assistência técnica [27]; (3) Selecionou clientes com menores custos para serem servidos [28]; (4) Encontrou compradores cujas necessidades nossa empresa está na melhor posição relativa de servir [29]; (5) Vendeu para organizações que estivessem menos suscetíveis a adquirir produtos substitutos [30]; (6) Descobriu e Anunciou uma vantagem sólida dos nossos produtos contra substitutos [31]; (7) Implantou nossa empresa próximo a um mercado localizado distante dos competidores [32]; (8) Preferiu servir compradores cuja penalidade por falha do produto fosse alta relativamente ao seu custo [33]; (9) Escolheu clientes cuja alta lucratividade lhes permite passar para seus clientes o custo de insumos [34]; (10) Focou clientes que são menos sensíveis a variações de preço [35] quando estas ocorrem geralmente; (11) Lidando com pessoas sensíveis a preço que decidem pela de compra de nossos produtos, As Persuadiu a reduzir essa sensibilidade [36]; (12) Ampliou funções de produtos [37]; _Negociação com Fornecedores_: (1) Participou em indústrias cujos fornecedores são menos concentrados [38]; (2) Qualificou um conjunto de substitutos aos nossos fornecedores, aos seus produtos e aos nossos funcionários no mercado de trabalho [39]; (3) Conduziu parcelas de nossas compras com cada um dos nossos fornecedores [40]; (4) Melhorou o poder de negociação da empresa [41]; (5) Negou produtos que requerem serviço customizado [42]; _Negociação com Competidores_: (1) Planejou movimentos consecutivos para uma miríade de situações prováveis [43]; (2) Determinou a probabilidade de guerra de preços em cada caso [44]; (3) Pensou múltiplas alternativas de barganha [45]; (4) Recompensou competidores por não atacar os nossos pilares [46]; (5) Melhorou nossa lucratividade e ao mesmo tempo Não impediu o crescimento de competidores [47]; (6) Avaliou os riscos inerentes que competidores podem causar por comportarem-se tanto esperadamente quanto inesperadamente; (7) Estimou o tempo de resposta de competidores [48]; (8) Influenciou respostas dos competidores de modo que ao final beneficiasse nossa organização; (9) Entendeu razões por trás de ações [49]; (10) Criou uma situação na qual os competidores se depararam com dilemas de metas [50]; (11) Emanou aos nossos competidores a ideia de que faltou esperteza nas suas movimentações [51]; (12) Estabeleceu uma política de preços lógica [52]; (13) Revelou informações ao mercado segundo a conveniência [53]; (14) Sinalizou ações verdadeiramente quando conveniente e falsamente quando havia uma necessidade além de que fosse possível construir uma motivação aparente entorno do sinal e (15) Listou sinais históricos de competidores [54], as razões notificadas e os motivos verdadeiros que soubemos mais tarde

3.3. Administração de Empresas

Administração de Empresas consiste em empregar recursos financeiros, alocar materiais e capital humano, realizar atividades e satisfazer objetivos organizacionais. Abaixo são apresentadas as realizações profissionais a esse respeito:

ADMINISTRAÇÃO DE EMPRESAS:

Planejamento: *Cultura*: (1) Determinou os valores, pessoas e cultura que são adequados para alcançar metas [1]; (2) Contou a novos funcionários a estória do fundador da empresa, destacando seu trabalho duro apesar de sua origem modesta; (3) Criou um slogan para a empresa [2]; (4) Criou uma cerimônia anual para presentear os melhores empregados com uma placa dourada [3]; (5) Relacionou valores culturais com o desempenho do negócio [4]; (6) Reforçou a visão cultural através de palavras e ações [5]; *Estratégico*: (1) Desenvolveu planos estratégicos de curto, médio e longo prazo [6]; (2) Construiu cenários otimista, esperado e pessimista [7]; (3) Escolheu metas desafiadoras, mas realistas [8]; (4) Estabeleceu padrões de desempenho; (5) Estabeleceu planos de contingência para crise, emergências e eventos inesperados [9]; (6) Mudou para fontes de energia renováveis; (7) Determinou respostas adequadas para um ambiente incerto [10]; (8) Focou esforços na nossa base de clientes mais leal; (9) Entregou valor superior aos clientes [11]; (10) Previu corretamente o futuro; (11) Emanou nossa visão para nossa rede de negócios [12]; (12) Envolveu funcionários no pensamento estratégico e execução [13]; *Operacional*: (1) Traduziu planos estratégicos em atividades programadas para satisfazer objetivos [14]; (2) Exercitou gestão do tempo [15]; (3) Alocou recursos, programações e tarefas; (4) Dividiu metas estratégicas em metas táticas para cada departamento [16]; (5) Gerenciou fatores operacionais requeridos para atingir objetivos [17]; (6) Selecionou medidas quantitativas específicas para checar se as metas estão sendo satisfeitas [18]; (7) Definiu horizontes de tempo para atividades [19]; _Ética_: (1) Foi apontado executivo principal de ética [20]; (2) Criou um comitê de ética [21]; (3) Definiu um código corporativo de ética [22]; (4) Discutiu dilemas de ética com os empregados tão logo estes apareceram [23] e Enviou as conclusões sobre eles através de cartas circulares internas; (5) Mapeou partes interessadas na empresa com relação á suas expectativas, necessidades, importância e poder relativo; (6) Criou um seminário de treinamento sobre ética; (7) Disciplinou malfeitores [24]; (8) Criou um número de telefone gratuito para denúncias confidenciais sobre ética na empresa [25] e (9) Avaliou o resultado de esforços de ética [26]

Organização: _Geral_: (1) Atualizou o cadastro da empresa para enviar para clientes e fornecedores; _Estrutura_: (1) Projetou a estrutura vertical [27] e horizontal [28] da organização; (2) Preencheu o organograma [29]; (3) Combinou estilos de liderança e crenças com a estrutura proposta [30]; (4) Definiu linhas claras de autoridade e relações formais de reportagem [31]; (5) Assegurou coordenação apropriada de empregados dentro e entre departamentos [32]; (6) Criou novos nomes para posições existentes e novas; _Recursos Humanos_: (1) Analisou a estratégia atual do departamento de RH e Propôs modificações; (2) Dimensionou a empresa corretamente [33]; (3) Determinou requerimentos futuros de capital humano [34]; (4) Treinou o executivo principal de RH; (5) Definiu padrões aceitáveis de vestimentas; (6) Reteve as pessoas certas após fusão, aquisição ou redução de quadro [35]; (7) Promoveu a marca da empresa como bom empregador [36]; _Motivação_: (1) Projetou trabalhos para melhorar motivação [37]; (2) Concedeu poder para conduzir tarefas [38]; (3) Engajou empregados na fixação de metas e decisões [39]; (4) Focou em recompensas intrínsecas e também Aplicou extrínsecas [40]; (5) Agradeceu funcionários; (6) Reduziu iniqüidade [41]; (7) Ajudou funcionários a satisfazer níveis mais altos de necessidades [42]; (8) Avaliou desempenho [43]; (9) Recompensou empregados pelo desempenho da empresa [44]

Liderança: _Comunicação_: (1) Emanou um clima de comunicação aberta [45]; (2) Construiu rede de contatos [46]; (3) Como emissor na comunicação, Criou mensagens claras e Selecionou canais de comunicação apropriados [47]; (4) Como receptor na comunicação, Decifrou o significado de mensagens e Ofereceu retorno [48]; (5) Construiu habilidades de raciocínio crítico; (6) Parafraseou o que foi dito [49]; (7) Ponderou evidências [50]; (8) Conduziu conversas em que ambas as partes saem vencedoras [51]; _Times_: (1) Desenvolveu um time eficaz de subordinados [52]; (2) Estabeleceu normas do grupo [53]; (3) Criou uma finalidade que compelisse o time ao trabalho [54]; (4) Moldou a cultura do time [55]; (5) Monitorou progresso [56]; (6) Recompensou membros [57]; (7) Definiu o tamanho do time e os papéis dos membros [58]; (8) Iniciou idéias [59]; (9) Gerenciou conflitos dentro dos times [60]; (10) Balanceou conflitos e cooperação [61]; _Ambiente global_: (1) Enviou os executivos do alto escalão para países-alvo distantes para coletar informações do mercado consumidor de lá [62]; (2) Desenvolveu uma mentalidade global [63]; (3) Expandiu nossas atividades além-mar [64]; (4) Buscou trabalhadores e materiais mais baratos em outros países [65]; (5) Projetou produtos com apelo mundial [66]; (6) Aprendeu e Obedeceu a regras e regulamentações internacionais [67]; _Inovação_: (1) Lançou uma competição para novas idéias viáveis [68]; (2) Apresentou uma idéia para resolver um problema recorrente difícil [69]; (3) Introduziu uma prática que melhorou a satisfação dos clientes; (4) Causou uma mudança organizacional [70]; (5) Foi responsável por uma melhoria operacional que economizou X milhares de dólares; (6) Implementou uma mudança tecnológica [71]; (7) Motivou o departamento de P&D para projetar mais produtos inovadores; (8) Desenvolveu um teste de seleção para mensurar o potencial criativo dos candidatos; (9) Aceitou erros e Recompensou os que correram riscos na busca de economia de custos; (10) Coletou o ponto de vista de clientes e fornecedores quando do desenvolvimento de produtos; *Gerenciamento de Projetos*: (1) Conduziu a abertura de X filiais da empresa em Y cidades, incluindo o desenvolvimento de uma programação para implementação de utilidades públicas, mobiliário e contratação de funcionários; (2) Criou uma festa na empresa matriz para celebrar recordes de vendas, o que envolveu trazer um Buffet e servir comidas; *Gestão de frotas*: (1) Planejou a compra, venda e manutenção da frota de carros da empresa

Controle: _Geral_: (1) Criou indicadores chave de desempenho para todos os campos do Balanced Scorecard [72]; (2) Alimentou o Balanced Scorecard com fatos e dados [73]; (3) Controlou o Balanced Scorecard [74]; (4) Definiu orçamentos de despesas e receitas [75]; (5) Analisou balanços patrimoniais e demonstrativos de resultado do exercício [76]; (6) Descentralizou o controle da empresa [77]; (7) Monitorou tanto o desempenho quantitativo quanto o qualitativo; (8) Conduziu uma análise de benchmarking [78]; (9) Ou Proporcionou reforço ou Conduziu ações corretivas [79]; (10) Proporcionou retorno sobre o desempenho de executivos; (11) Produziu informações para agir com relação a Planejamento, Organização e Liderança; (12) Mudou planos para satisfazer condições modificadas [80]; (13) Continuamente Avaliou a posição competitiva da empresa; (14) Calculou a taxa de crescimento anual do negócio; _Tomada de decisão_: (1) Planejou decisões programadas para problemas recorrentes [81]; (2) Considerou cenários "e se?" para decisões não programadas [82]; (3) Adquiriu uma empresa; (4) Construiu uma nova fábrica; (5) Desenvolveu um novo produto ou serviço; (6) Entrou num novo mercado geográfico; (7) Recolocou a matriz da empresa em outra cidade; (8) Formulou problemas e os Resolveu [83]; (9) Coletou informações [84]; (10) Definiu critérios para avaliar cursos de ação alternativos [85]; (11)

Concordou quanto a prioridades de problemas [86]; (12) Analisou as possíveis causas raiz de problemas [87]; (13) Desenvolveu alternativas [88]; (14) Selecionou e Implementou as alternativas escolhidas [89]; (15) Avaliou e Proporcionou feedback sobre as soluções apresentadas [90]; _Comportamento organizacional_: (1) Baseado nos valores de carreira escolhidos [91], Desenvolveu atitudes de trabalho de alta performance [92]; (2) Avaliou a adequação de estilos de resolução de problemas e Escolheu um deles [93]; (3) Emanou a necessidade de cidadania corporativa; (4) Organizou informações obtidas em padrões para interpretação e resposta; (5) Desenvolveu a própria inteligência emocional e a dos executivos chefes; (6) Realizou uma revisão semanal; (7) Buscou e Mitigou as causas raiz do estresse no trabalho [95] e (8) Proporcionou programas de bem-estar [96]

3.4. Cultura Organizacional

Cultura Organizacional correspondem aos aspectos nacionais, regionais ou profissionais que guiam o comportamento e as crenças dos empregados. Nas linhas a seguir, as realizações profissionais relacionadas a este campo do mundo de negócios são apresentadas:

CULTURA ORGANIZACIONAL:

Gerenciamento Estratégico: *Macro culturas*: (1) Imergiu novos funcionários estrangeiros na cultura da empresa; *Sub -culturas*: (1) Corrigiu comportamentos determinados por sub-culturas quando requerido e *Micro culturas*: (1) Alinhou profissionais para formar micro culturas

Assunções Culturais: _Geral_: (1) Reduziu ansiedade resultante de problemas relacionados com assunções [1]; (2) Formou as assunções culturais desejadas entre novatos [2]; _Adaptação Ambiental_: (1) Escolheu o indicador chave de desempenho para prestar atenção primária [3]; (2) Classificou tarefas por prioridade; (3) Eliminou ambigüidade; (4) Alinhou a missão e metas com prioridades [4] e indicadores chave de desempenho; (5) Desenvolveu estratégias de remediação para erros [5]; _Integração empresarial_: (1) Definiu as fronteiras do grupo e critérios para inclusão e exclusão [6]; (2) Listou o que buscamos em um novato [7]; (3) Desenvolveu normas de confiança [8]; (4) Definiu políticas para alocação de recompensas e punições [9]; (5) No caso de falhas, Emanou a idéia de avaliar o motivo ao invés de quem cometeu a falha [10]; (6) Escreveu estórias para contar aos novatos [11]; _Fatos & Opiniões_: (1) Determinou que as decisões estratégicas fossem conduzidas pelos diretores enquanto que as operacionais pelos outros empregados; (2) Confrontou uma miríade de fontes de dados para formar opiniões baseadas em fatos; _Tempo_: (1) Estabeleceu para a empresa uma orientação primária com relação a tempo [12]; (2) Selecionou as ocasiões para prestar atenção em outros horizontes temporais; (3) Fixou unidades de tempo para condução de atividades [13]; (4) Proporcionou nossa própria definição para os termos relacionados a tempo [14]; _Espaço_: (1) Adotou, sem nenhuma modificação, as normas culturais do país para distância nas várias situações de comunicação; (2) Determinou o leiaute mais apropriado para o escritório [15]; _Religião & Política_: (1) Preservou a empresa como um lugar laico; (2) Proibiu empregados de engajar-se em discussões políticas no trabalho; _Relacionamentos_: (1) Motivou individualismo e coletivismo de acordo com a situação [16]; (2) Decidiu quais interesses individuais serão sacrificados e quais serão protegidos [17]; (3) Optou por um grau de emotividade profissional [18] e (4) Buscou os motivos para o sucesso e fracasso das atividades

Criação da Cultura: _Grupos originais_: (1) Exemplificou como a cultura organizacional deve ser [19]; _Novos grupos_: (1) Modelou e Reforçou a cultura desejada [20]; (2) Incorporou na cultura ideias construtivas dos empregados [21]; (3) Melhorou a própria consistência comportamental [22]; (4) Possuiu próprios números para discutir e apresentar [23]; (5) Reagiu a incidentes críticos e crise organizacional [24] e (6) Explicou aos candidatos os critérios para recrutamento e seleção [25]

Avaliação da Cultura: (1) Comparou métodos de avaliação [26]; (2) Selecionou os mais apropriados; (3) Avaliou nossa cultura organizacional [27]; (4) Projetou pesquisas culturais [28]; (5) Determinou se aspectos culturais específicos estão relacionados com o desempenho atual da empresa [29]; (6) Comparou o resultado da avaliação com o perfil cultural desejado da organização [30]; (7) Comparou organizações sobre dimensões culturais selecionadas a fim de conduzir fusões, aquisições e parcerias [31]; (8) Testou sobre a presença ou ausência de subculturas problemáticas [32]; (9) Avaliou o grau de hierarquia [33] e (10) Determinou o tipo de orientação para a governança corporativa [34]

Mudança Cultural: (1) Identificou pontos fortes na cultura [35]; (2) Buscou o que requeria mudança [36]; (3) Decidiu quando mudar práticas, mas não cultura; (4) Adaptou ao ambiente, pontos fracos na cultura; (5) Criou algo duradouro; (6) Resolveu problemas importantes; (7) Emanou criatividade e inovação; (8) Planejou carreiras; (9) Encontrou o que estava faltando ou inibindo mudança [37]; (10) Resolveu problemas de sucessão [38]; (11) Melhorou a autoimagem da organização; (12) Lidou com a imprensa sobre escândalos [39]; (13) Definiu os objetivos de mudança concretamente [40]; (14) Chefiou uma fusão e Gerenciou o choque cultural [41]; (15) Lançou uma mudança cultural [42]; (16) Destruiu aspectos culturais indesejados [43]; (17) Conduziu um processo de desconfirmação [44]; (18) Reduziu a ansiedade por aprender dos funcionários [45]; (19) Coletou uma miríade de ferramentas de aprendizagem para causar a mudança [46]; (20) Ensinou novas formas de pensar e comportar-se [47] e (21) Confirmou e Reforçou mudanças [48]

Liderança: *Organização aprendiz*: (1) Identificou potencial e experiência de aprendizado nos candidatos a vagas; (2) Selecionou candidatos proativos [49]; (3) Comprometeu os funcionários a aprender a aprender [50]; (4) Gerou novas respostas [51]; (5) Proporcionou recursos para aprender [52]; (6) Comprometeu os empregados a uma comunicação aberta sobre tarefas [53]; *Líder aprendiz*: (1) Articulou a visão [54]; (2) Mudou a visão quando foi requerido [55]; (3) Entendeu a evolução da empresa [56]; (4) Coletou informações a partir de múltiplas fontes [57]; (5) Manteve-se atualizado com as notícias que afetam diretamente nosso negócio; (6) Buscou informações sobre a cultura dos países com os quais nossa empresa lida [58]; (7) Entendeu os principais aspectos das microculturas que operam dentro da organização [59]; (8) Detectou incompatibilidades culturais, subculturais e microculturais [60]; (9) Em parcerias externas, Identificou a causa de diferenças culturais [61]; (10) Passou X meses fora do país para comparar culturas [62]; *Ilhas culturais*: (1) Gerenciou grupos multiculturais do ponto de vista da nacionalidade e profissão [63]; (2) Criou pontos em comum [64] através de treinamento online; (3) Focou sobre capacidades culturais e habilidades de aprendizado [65]; (4) Refletiu sobre as próprias assunções [66]; (5) Considerou as assunções das outras pessoas [67]; (6) Decidiu o que fazer caso o líder cometa um erro [68]; (7) Decidiu como confiar em um colega [69] e (8) Dominou a arte de conduzir diálogos via telefone e internet com trabalhadores com baixa probabilidade de encontrar pessoalmente [70]

3.5.Direito

Abaixo seguem as realizações profissionais no assunto Direito, que englobam aspectos de planejamento e execução de atividades com implicação jurídica:

DIREITO:

Planejamento: (1) Familiarizado com termos jurídicos e (2) Planejou a obediência da empresa às leis nacionais

Direito Tributário: *Estratégia*: (1) Monitorou fatos geradores de tributos e respectivas alíquotas [1]; (2) Analisou quais tributos municipais, estaduais e federais a empresa é obrigada a pagar, quais tributos a empresa se credita ao pagar e quais tributos a empresa é isenta do pagamento [2]; (3) Analisou prazos para pagamento de tributos [3]; (4) Decidiu entre a apuração do lucro da empresa como real ou como presumido; *Declarações*: (1) Coletou informações dos sócios da empresa, Preencheu e Enviou declarações de impostos; (2) Conseguiu permissão para operar numa zona de livre comércio; *Prevenção de Crimes*: (1) Classificou mercadorias da maneira correta, exata e habitual nos mercados dos quais a empresa participa; (2) Assegurou a emissão de notas fiscais para todas movimentações de mercadorias (entradas e saídas) e a correspondente disponibilização dos arquivos digitais ao contador; (3) Selecionou contadores por indicação, (4) Encaminhou perguntas do fiscal da receita estadual ao contador, o qual demonstrou a idoneidade da nossa empresa, (5) Forneceu ao contador extratos dos bancos no final de cada exercício; (6) Assegurou que os impostos fossem recolhidos dentro do prazo legal [4] e (7) Forneceu ao contador notas fiscais de compra no mercado doméstico

Direito do Trabalho: *Fontes*: (1) Contando com a colaboração de representantes do sindicato e empregados, Atualizou integralmente o acordo coletivo [5]; (2) Escreveu o regulamento de empresa [6]; (3) Revisou cláusulas dos novos contratos de trabalho de maneira a beneficiar o empregador; *Poder Disciplinar*: (1) Aplicou penalidades aos empregados indisciplinados [7]; *Tipos de Empregados*: (1) Com relação a estagiários e trabalhadores temporários [8], Analisou se iria contratá-los; *Remuneração*: (1) Pagou todos como mensalistas [9]; (2) Praticou isonomia salarial [10]; (3) Discutiu possível valor salarial durante a entrevista de seleção; (4) Estabeleceu jornada de 44 horas semanais [11]; (5) Estipulou salários acima do mínimo indicado por lei; (6) Foi complacente com funcionários que tiveram poucas faltas não justificadas (ou com justificativas não garantidas por lei); (7) Estabeleceu participação nos lucros e resultados [12]; *Férias*: (1) Optou por férias não coletivas [13]; *Rescisão*: (1) Coletou provas de atos praticados pelo empregado que permitissem a rescisão por justa causa [14]; *Greve* [15]: (1) Fez algumas concessões possíveis durante greve para que fosse terminada; (2) Negociou continuadamente com sindicato; *Segurança*: (1) Criou CIPA (Comissão Interna de Prevenção de Acidentes) [16]; *Processos*: (1) Reuniu provas; (2) Respondeu sobre denúncias de irregularidades; (3) Auxiliou na escrita de processos; (4) Participou de audiências como testemunha; (5) Acompanhou andamento de processos desde o depósito ou citação até o veredicto; _Prevenção de Crimes_: (1) Negou trabalho forçado e obrigatório [17]; (2) Negou trabalho infantil [18] e (3) Aceitou liberdade de associação e negociação coletiva [19]

Direito Civil: _Processos_: (1) Teceu sugestões ao advogado da empresa sobre inclusões e exclusões de trechos do processo num caso de litígio de propriedade; (2) Auxiliou na escrita de um processo de ressarcimento de valores pagos para um profissional pelo serviço mal executado; (3) Num processo de ressarcimento de custos de importação de cliente inadimplente, Reuniu documentos [20] e Analisou cláusulas do contrato social da nossa filial no exterior em nosso benefício; _Bens_: (1) Administrou os bens da empresa e os bens particulares dos sócios; _Imóveis_: (1) De posse do contrato de compra e venda de uma aquisição, Solicitou registro do imóvel no cartório; (1) Pediu à prefeitura certidão de que ela era a única confrontante (vias públicas) do nosso imóvel que ocupa todo o quarteirão; (2) Requereu averbação de retificação de área; (3) Demandou averbação de unificação de lotes; (4) Calculou o valor do aluguel atrasado de um inquilino para processá-lo por inadimplência; _Autoria_: (1) Reformulou cláusulas de contrato de licença de uso de software para que tornasse evidente o direito autoral [21] do sócio da empresa com relação ao fluxograma do programa; _Sucessões_: (1) Participou de curso sobre Holding Familiar; (2) Orientou os sócios a não constituir Holding Familiar

Direito Comercial: *Sociedades*: (1) Submeteu alterações ao contrato social da empresa; *Bancos*: (1) Preencheu formulários e Reuniu documentos para abertura de conta bancária no exterior para a empresa; *Novos Negócios*: (1) Redigiu carta de intenção de construção de imóvel industrial para receber doação de terreno da prefeitura; *Propriedade Intelectual*: (1) Criou e Renovou marcas e patentes [22] ; *Falências*: Devido ao alto volume da dívida, Requereu falência de cliente

3.6.Gestão de Operações

Nas linhas que seguem, as realizações profissionais em termos de Gestão de Operações são listadas, correspondendo à fabricação de produtos e a disponibilização de serviços:

GESTÃO DE OPERAÇÕES:

Estratégia: (1) Criou políticas operacionais; (2) Avaliou custos [1] e (3) Fixou preços [2]

Previsão: (1) Decidiu o que prever [3]; (2) Escolheu um método de previsão [4]; (3) Selecionou um nível de precisão [5]; (4) Realizou previsões [6]; (5) Determinou tendências [7] e (6) Avaliou eventos imprevistos

Edifício: _Capacidade_: (1) Determinou a capacidade atual [8]; (2) Avaliou necessidades futuras para expansão [9]; (3) Criou alternativas através da metodologia de tempestade de ideias; (4) Avaliou a viabilidade técnica e financeira das alternativas [10]; (5) Selecionou a alternativa mais apropriada; (6) Implementou esta alternativa assim que o futuro se aproximou; (7) Examinou desenhos da fábrica e Identificou gargalos operacionais [11]; (8) Programou operações que não fossem gargalos [12]; (9) Determinou níveis ótimos de operação [13]; (10) Maximizou o uso dos gargalos operacionais [14]; _Localização_: (1) Determinou a melhor localização para construir nossas instalações [15] levando em consideração a estratégia da empresa, pontos forte, pontos fracos e características tanto da clientela quanto da cadeia de suprimentos; (2) Avaliou a adequação das instalações já existentes [16]; (3) Fechou instalações [17]; (4) Abriu instalações [18]; _Leiaute das instalações_: (1) Determinou o leiaute mais eficaz para as instalações [19]; (2) Avaliou diagramas de precedência [20]; (3) Estimou atrasos [21]; (4) Minimizou custos de transporte [22]; (5) Considerou critérios múltiplos no projeto das instalações [23]

Produtos: (1) Formulou objetivos de qualidade [24]; (2) Estabeleceu objetivos de custos [25]; (3) Construiu e Testou protótipos [26]; (4) Traduziu especificações de produtos em procedimentos, processos e instruções de trabalho [27]; (5) Realizou engenharia reversa [28]; (6) Determinou o nível mais apropriado de padronização [29]; (7) Comparou projetos que tinham em vista o processo de fabricação com os que visavam o processo de montagem [30]; (8) Quantificou confiabilidade [31]; (9) Fabricou produtos confiáveis [32]; (10) Armazenou matérias-primas e produtos finais [33]; (11) Estimou a melhor quantidade de matérias-primas para armazenar [34]; (12) Protegeu a empresa contra flutuações do preço dos fornecedores [35]; (13) Determinou a temporalidade de novas ordens de compras; (14) Previu demanda; (15) Concordou com tempos de entrega [36]; (16) Listou itens do estoque em ordem de prioridade [37]; (17) Desenvolveu programações mestras [38]; (18) Criou árvore da estrutura do produto final [39]; (19) Determinou tamanhos de lote mais adequados [40]; (20) Emanou uma mentalidade verde para toda cadeia de suprimentos [41]; (21) Avaliou e Certificou fornecedores [42]; (22) Comprou matérias-primas; (23) Encurtou a cadeia de suprimentos [43]; (24) Examinou e Mitigou riscos da cadeia de suprimentos [44]; (25) Coordenou logística de compras [45] e (26) Avaliou políticas dos fornecedores sobre devolução [46]

Processo: _Planejamento_: (1) Formulou e Resolveu modelos de programação linear [47]; (2) Definiu funções objetivo [48]; (3) Selecionou variáveis de decisão [49]; (4) Determinou restrições [50]; (5) Resumiu numa planilha o retorno de uma miríade de processos operacionais [51]; (6) Criou árvores de decisão para avaliar alternativas e suas conseqüências [52]; (7) Selecionou o processo que apresentou melhor retorno para decisões sob certeza [53]; (8) Pesquisou como lidar com incertezas [54]; (9) Avaliou maquinário potencial; _Execução_: (1) Programou equipamentos para conduzir atividades; (2) Projetou trabalhos [55]; (3) Criou times autogeridos [56]; (4) Avaliou a ergonomia da mobília [57]; (5) Melhorou condições de trabalho [58]; (6) Desenvolveu incentivos para melhorar desempenho [59]; (7) Reduziu tempo de trabalho por peça em X% assim que o número de repetições aumentou; (8) Calculou reduções de tempo; _Just in time_: (1) Implementou a abordagem just in time [60] para o estoque; (2) Usou fornecedores próximos [61]; _Operações Lean_: (1) Usou recursos mínimos, Produziu produtos e serviços de alta qualidade [62]; (2) Reduziu resíduos [63]; (3) Aprimorou o processo continuamente [64]; (4) Manteve estoque mínimo [65]; (5) Emparelhou produtos com demanda [66]; (6) Emanou uma cultura simples [67]; (7) Automatizou a produção; (8) Tornou o sistema flexível para acomodar mudanças [68]; _Programações_: (1) Programou operações e o uso de equipamentos [69]; (2) Criou painéis de programação [70]; (3) Controlou itens de entrada e saída [71]; (4) Calculou o número de trabalhos [72]; (5) Reduziu problemas de programação [73]; (6) Reparou imediatamente equipamentos que quebraram [74] e (7) Fez manutenção preventiva [75]

Qualidade: *Gestão*: (1) Entrevistou usuários finais e Definiu aspectos qualitativos sob seu ponto de vista [76]; (2) Balanceou custos requeridos para atingir padrão de qualidade definido [77]; (3) Precificou produtos pelos requerimentos de qualidade, Obteve aprovação de usuários finais; (4) Treinou empregados sobre os determinantes da qualidade [78]; (5) Submeteu casos e Venceu prêmios de qualidade [79]; (6) Melhorou qualidade continuamente [80]; (7) Conduziu análise de benchmarking de valor agregado [81]; (8) Avaliou fornecedores [82]; (9) Implementou abordagens para melhorar eficiência e eficácia operacional [83]; (10) Criou checklists e painéis de controle [84]; (11) Pesquisou causas dos problemas encontrados [85]; *Controle*: (1) Monitorou processos [86]; (2) Programou inspeções [87]; (3) Por amostragem, Inspecionou matérias-primas e produtos acabados para verificar defeitos [88]; (4) Fixou metas para variabilidade das medidas [89]; (5) Tomou ações corretivas para lidar com defeitos e (6) Reduziu o número de defeitos por unidade por X%

Projetos: (1) Avaliou e Selecionou projetos [90]; (2) Definiu times de projetos [91]; (3) Planejou e Programou atividades [92]; (4) Alocou recursos [93]; (5) Criou diagramas de precedência em redes [94]; (6) Determinou o caminho crítico [95]; (7) Estimou tempo para atividades [96]; (8) Identificou, Avaliou e Mitigou riscos; (9) Monitorou projetos [97] e (10) Pesquisou sobre a eficácia de projetos após sua realização

Serviços: (1) Conduziu uma análise custo-benefício para capacidade de serviço [98]; (2) Selecionou o número de guichês de atendimento [99]; (3) Determinou o tempo de serviço [100]; (4) Limitou o comprimento da fila de espera [101]; (5) Aumentou a taxa de processamento de X% e (6) Motivou clientes a comparecer fora da hora de pico [102]

3.7.Negociação

A presente seção do capítulo lida com as realizações profissionais relacionadas com Negociação, o que envolve satisfazer interesses e alcançar acordos com outras partes interessadas:

NEGOCIAÇÃO:

Planejamento: *Sendo convidado para negociar*: (1) Inquiriu sobre o assunto da negociação; (2) Decidiu negociar ou não [1]; *Convidando para negociar*: (1) Definiu o escopo da negociação; (2) Analisou várias primeiras ofertas viáveis para fazer [2]; (3) Selecionou a mais apropriada; (4) Avaliou se o outro lado estava ou não querendo negociar; *Ambos os casos*: (1) Avaliou quão importante para nossa organização a outra parte é [3]; (2) Fez uma tempestade de ideias sobre todos possíveis interesses de ambas as partes [4]; (3) Listou nossos interesses em ordem de prioridade [5]; (4) Estabeleceu uma possível ordem para os interesses da outra parte [6]; (5) Determinou o resultado mais benéfico para nossa empresa buscar [7]; (6) Coletou informações a partir de várias fontes a fim de realizar decisões bem fundamentadas [8]; (7) Considerou possíveis valores para dados incertos [9]; (8) Determinou nossas programações temporais preferidas e as preferidas da outra parte [10]; (9) Analisou nosso perfil de propensão ou aversão ao risco e o perfil do outro lado; (10) Determinou quais concessões nossa empresa poderia fazer e quais concessões nós pediríamos em troca por elas [11]; (11) Aumentou o número de questões a serem negociadas [12]; (12) Identificou questões éticas que poderiam ocorrer durante a negociação [13]; (13) Criou soluções para elas [14]; (14) Criou, a partir do rascunho, possíveis resultados para a negociação [15]; (15) Avaliou eles de acordo com a sua habilidade para satisfazer os interesses mais importantes de ambas as partes [16]; (16) Decidiu quão distante na negociação nós poderíamos ir e (17) Selecionou para propor o resultado de valor agregado que nós pensamos que melhor resolveria as questões pendentes [17]

Execução: *Sendo convidado para negociar*: (1) Ignorou qualquer âncora injusta [18]; (2) Respondeu com uma oferta viável [19]; (3) Pediu para o outro lado clarificar seus interesses principais [20]; *Convidando para negociar*: (1) Fez uma oferta ancorada [21]; (2) Justificou nossa oferta [22]; *Ambos os casos*: (1) Analisou e Respondeu a ofertas subseqüentes feitas pelo outro [23]; (2) Ajudou o outro lado a identificar muitos dos seus interesses que nossa empresa poderia satisfazer [24]; (3) Propôs soluções para problemas éticos [25]; (4) Demonstrou que nossa empresa é tão poderosa quanto a outra parte [26]; (5) Tomou controle da discussão; (6) Mostrou conhecer dados técnicos relevantes; (7) Calculou valores mentalmente; (8) Disse que o outro lado é importante para nossa empresa [27]; (9) Disse para a outra parte que é difícil para nossa empresa fazer as concessões que estamos fazendo [28]; (10) Determinou minhas próprias assunções e Adivinhou as do outro [29]; (11) Dividiu informações sobre nossos interesses [30]; (12) Manteve em segredo algumas informações [31]; (13) Ajustou e Mostrou o resultado de valor agregado planejado para ambas as partes [32]; (14) Detectou mentiras [33]; (15) Disse indiretamente para a outra parte o que não poderia ser dito diretamente [34]; (16) Propôs cláusulas de contingência para contratos para gerenciar eventos incertos futuros [35]; (17) Adiou decisões difíceis [36] e (18) Refletiu mais profundamente sobre elas [37]

Controle: _Tanto sendo convidado para negociar quanto convidando para negociar_: (1) Avaliou o resultado da negociação [38]; (2) Identificou erros [39]; (3) Fez uma tempestade de ideais viáveis de correções para os erros [40]; (4) Se possível, Corrigiu os erros depois que a negociação ocorreu; (5) Se não foi possível, Mitigou suas conseqüências; (6) Avaliou as razões subjacentes para a ocorrência dos erros [41] e (7) Preparou melhor para negociações futuras [42]

3.8.Marketing

Esta seção do capítulo trata das realizações profissionais em Marketing, as quais incorporam atividades de planejamento comercial de produtos e serviços, sua disponibilização ao mercado consumidor e a avaliação deste processo:

MARKETING:

Planejamento estratégico: (1) Formalizou a missão da organização, objetivos, metas e portfólio de negócios [1]; (2) Definiu a estratégia de sobrevivência e crescimento da empresa [2]; (3) Definiu orçamentos e controles [3] e (4) Construiu gráficos com variáveis relacionadas aos esforços de marketing [4]

Análise: _Ambiente externo_: (1) Realizou a análise SWOT para os principais produtos da empresa [5]; _Pesquisa_: (1) Criou o sistema de informações de marketing da empresa [6]; (2) Coletou informações secundárias [7]; (3) Analisou e Tomou decisões a partir das informações disponíveis [8]; _Comportamento do consumidor_: (1) Determinou fatores que influem na modificação de atitudes com relação à marcas [9]; (2) Determinou comportamentos de compra [10]; (3) Determinou benefícios buscados ao comprar [11]; (4) Determinou reduções de preço que levariam a mudança de marca; (5) Determinou aumentos de preço tolerados por clientes leais; (6) Determinou a imagem das marcas competidoras segundo consumidores; _Demanda_: (1) Mensurou a demanda atual [12]; (2) Determinou o potencial do mercado para os principais produtos e mercados em que a empresa atua [13]; (3) Previu a demanda futura [14]; _Segmentação de Mercado_: (1) Identificou mercados-alvo [15]; (2) Selecionou mercados-alvo [16]; (3) Desenvolveu produtos e compostos de marketing adequados [17]; (4) Procedeu à segmentação do mercado [18]; (5) Mensurou a atratividade do segmento [19] e (6) Desenvolveu posicionamento para cada segmento alvo [20]

Produto: (1) Definiu benefícios básicos e adicionais dos produtos da empresa [21]; (2) Estabeleceu padrões de qualidade de produtos para prosseguir com a compra junto a fornecedores; (3) Escolheu produtos para apresentar a linha de produtos [22]; (4) Classificou os produtos por hábitos de compra [23]; (5) Definiu qual seria o valor ao cliente dos produtos que a empresa comercializa em relação aos concorrentes [24]; (6) Identificou diferenças entre produtos benéficas à empresa [25]; (7) Criou marcas defensivas e marcas de ataque [26]; (8) Associou valores à marca da empresa [27]; (9) Realizou a análise comercial e estratégica de produtos novos [28]; (10) Aprimorou produtos segundo informações das necessidades dos clientes [29] e (11) Conduziu testes de qualidade com nossos produtos nas instalações dos clientes

Preço: *Fixação de Preços*: (1) Definiu a política de preços da empresa [30]; (2) Fixou preços baseando-se em uma miríade de fatores e horizontes temporais [31]; (3) Buscou produtos com alta elasticidade-preço da demanda para casos de diminuições do preço e baixa elasticidade-preço da demanda para casos de aumento do preço; (4) Fixou preços para lançamento de produtos [32]; (5) Praticou descontos e preços promocionais para compensar atitudes desejáveis dos clientes [33]; (6) Estabeleceu preços referenciais na mente dos consumidores [34]; (7) Conduziu mudança de atitude dos compradores quanto a preços de produtos; *Variações de Preços*: (1) Aumentou e Reduziu preços por uma série de motivos plausíveis [35]; (2) Explicou estes motivos persuasivamente aos clientes [36]; (3) Manteve os preços em níveis aceitáveis para não atrair novos concorrentes; (4) Difundiu aos clientes modos de economizar; (5) Lidou com reações dos clientes e dos concorrentes às nossas variações de preços [37]; (6) Monitorou variações de preço do competidor [38] e (7) Evitou a guerra de preços [39]

Praça: *Canais de Distribuição*: (1) Acrescentou mais canais ao sistema híbrido de marketing da empresa [40]; (2) Coletou informações dos canais de distribuição sobre os clientes finais [41]; (3) Solucionou conflitos horizontais e verticais [42]; (4) Determinou o valor que cada canal deve proporcionar [43]; (5) Fez propaganda cooperada com fornecedores e distribuidores [44]; *Logística*: (1) Definiu os objetivos logísticos [45]; (2) Planejou a logística de compras e vendas da empresa [46]; (3) Fez acordos com empresas de transporte; (4) Planejou a armazenagem [47] e sortimento dos produtos; (5) Definiu políticas de devolução; (6) Pesquisou importância dos serviços de distribuição para então estabelecer os níveis desejados; (7) Compartilhou informações logísticas entre as partes interessadas [48]; *Varejo*: (1) Usou o intermédio de varejistas quando conveniente [49]; *Atacado*: (1) Firmou parcerias em termos de representação [50]; (2) Auxiliou clientes do atacado a definir seu posicionamento com relação aos produtos comprados da empresa [51] e (3) Utilizou o intermédio de atacadistas quando requerido [52]

Promoção: _Propaganda_: (1) Estabeleceu objetivos da propaganda [53]; (2) Definiu o público-alvo [54]; (3) Definiu o orçamento [55]; (4) Criou mensagens [56]; (5) Selecionou mídias [57]; (6) Executou a mensagem [58]; (7) Decidiu sobre a cronologia da mídia [59]; (8) Avaliou o esforço de propaganda [60]; (9) Anunciou os produtos da empresa em um sítio de internet de fornecedores industriais e revistas de circulação industrial; (10) Lançou e Atualizou o sítio de internet da empresa; (11) Sincronizou o mix de marketing para realizar comunicações integradas [61]; _Promoção de Vendas_: (1) Estabeleceu os objetivos da promoção de vendas [62]; (2) Selecionou as ferramentas [63]; (3) Desenvolveu e Executou o programa de promoção de vendas [64]; (4) Definiu o orçamento [65]; (6) Avaliou o programa de promoção de vendas [66]; _Relações Públicas_: (1) Nomeado assessor de imprensa da empresa; (2) Escolheu as ferramentas de relações públicas [67]; (3) Estabeleceu objetivos [68]; (4) Selecionou as mensagens e os veículos [69]; (5) Criou eventos e notícias [70]; (6) Executou o plano de relações públicas [71] e (7) Avaliou os resultados [72]

Gerenciamento do Relacionamento com Clientes: (1) Desenvolveu um portfólio com X mil clientes potenciais no globo e apresentou a empresa por telefone e e-mail; (2) Y mil clientes responderam solicitando cotações; (3) Fez follow-up com clientes regulares, (4) Em X viagens, Conduziu e Escreveu relatórios sobre reuniões com Y empresas em X cidades (Y países); (5) Expandiu as vendas em X países (Y clientes), gerando $ X milhões de receita operacional através de Y ordens de compra graças a X empresas deste portfólio; (6) Dirigiu a equipe de vendas e Treinou vendedores [73] para que evitassem a miopia de marketing; (7) Prestou assistência técnica; (8) Reativou clientes, Identificou razões de perda e Eliminou ou Reduziu motivos [74]; (9) Segmentou o mercado baseando-se na lucratividade que o cliente traz para a empresa e (10) Concedeu benefícios financeiros e sociais aos clientes [75]

Competidores: (1) Identificou os concorrentes da empresa [76]; (2) Determinou o tamanho do mercado dos nossos principais produtos e respectivas participações [77]; (3) Determinou os objetivos, forças e fraquezas dos concorrentes e Monitorou suas ações [78]; (4) Realizou benchmarking; (5) Utilizou estratégias de ataque e defesa e (6) Dividiu a atenção entre clientes e concorrentes [79]

Mercado Global: (1) Pensou em termos globais na importação, exportação, fabricação, compra e venda, buscando vantagens internacionais e domésticas [80]; (2) Desenvolveu parcerias regionais [81] e (3) Decidiu em quantos e quais países operar e que operações realizar neles, assim como Ofertou de um mix de marketing adaptado [82]

Serviços: (1) Treinou equipe de contato com cliente para desempenhar um marketing interativo de alto nível [83] e gerar satisfação bilateral e (2) Acrescentou tangibilidade aos serviços prestados aos clientes e funcionários [84]

Ética: (1) Definiu a política corporativa quanto a padrões de propaganda [85]; (2) Estabeleceu uma ouvidoria para reclamações e sugestões do consumidor e (3) Promoveu um marketing interno e externo

3.9.Comércio Exterior

Esta seção do capítulo é reservada às realizações profissionais relacionadas ao Comércio Exterior, que compreendem vendas e compras a partir de empresas estrangeiras:

COMÉRCIO EXTERIOR:

Gestão Estratégica: (1) Desenvolveu a política da empresa, incluindo todos aspectos críticos ao comércio internacional [1]; (2) Manteve-se atualizado com a legislação doméstica e além-mar [2]; (3) Balanceou as vantagens e desvantagens de importar/exportar em comparação a compras/vendas domésticas [3]; (4) Coletou dados sobre o mercado global (importadores, exportadores, preços, quantidades e datas) relacionados aos nossos produtos mais importantes; (5) Criou procedimentos de operação padrão [4] e Considerou-os como exemplos a serem seguidos; (6) Em vista dos requerimentos anuais esperados, Preparou o orçamento do departamento [5] e (7) Avaliou agentes de carga e despachantes aduaneiros de acordo com critérios críticos a fim de selecionar os mais adequados [6]

Operações: (1) Avaliou o Incoterm mais apropriado para cada embarque [7]; (2) Usou NCMs apropriados e para os quais houve acordo entre as partes envolvidas com o intuito de fazer a declaração aduaneira de mercadorias [8]; (3) Analisou os balanços entre frete marítimo e aéreo [9]; (4) Acompanhou embarques e (5) Criou uma lista de checagem para prestar atenção a pontos que pudessem originar canal vermelho para embarques sendo desembaraçados [10]

Importação: (1) Certificou-se de que os fornecedores no exterior são empresas idôneas [11]; (2) Concluiu (in loco tanto quanto possível) que fornecedores conseguem fabricar o produto que estamos importando de acordo com padrões estabelecidos [12]; (3) Desenvolveu fornecedores substitutos [13] para o caso de dificuldades de fabricação ou exportação da parte de fornecedores habituais; (4) Lidou com questões de exclusividade [14]; (5) Assinou um acordo de arbitragem [15]; (6) Realizou testes laboratoriais extensivos com amostras [16]; (7) Selecionou fornecedores que possuíssem a certificação ISO9001 [17]; (8) Definiu padrões para embalagem e etiqueta [18]; (9) Criou uma planilha de custos para todos os custos incorridos a fim de calcular preços de venda de produtos importados [19]; (10) Construiu uma lista de checagem sobre as qualidades desejadas para avaliar fábricas no exterior e selecionar as melhores; (11) Certificou-se de que fornecedores estão pretendendo visitar nossas instalações [20]; (12) Escolheu fornecedores que satisfizessem leis de segurança contra atos ilícitos e conformidade e que tenham uma política clara com relação a devoluções [21]; (13) Requisitou documentos de embarque primeiro por email para checagem de omissões e más colocações, Corrigiu-os caso necessário [22] e depois Solicitou por correio expresso conjuntos múltiplos deles (certificado de origem, fatura comercial, lista de embalagens, conhecimento de embarque marítimo ou aéreo, certificado de qualidade e certificado fitossanitário); (14) Manteve todos os compromissos por escrito; (15) Agregou competidores; (16) Negociou tarifas de frete internacional; (17) Importou somente depois de estabelecer relacionamento com exportadores e (18) Desenvolveu um processo de notificação para validar embarques como sendo autênticos [23]

Exportação: (1) Desenvolveu e Utilizou uma lista de checagem de gestão da cadeia de suprimentos contendo aspectos operacionais relevantes ao comércio exterior; (2) Emitiu documentos de embarque (fatura proforma, fatura comercial, lista de embalagens e certificado de qualidade); (3) Solicitou a terceiros a emissão de outros documentos (conhecimento de embarque aéreo ou marítimo, certificado de origem e certificado fitossanitário), Enviou-os por email a importadores para fins de checagem e aceitação e em seguida Enviou por correio expresso múltiplos conjuntos destes documentos; (4) Familiarizado com os vários tipos de drawback [24]; (5) Identificou oportunidades de drawback [25]; (6) Requisitou aos nossos clientes no exterior que checassem a respeito da necessidade local de emissão de licença de importação para importar as nossas mercadorias [26]; (7) Apresentou e Reteve licenças de exportação sempre que houve obrigatoriedade; (8) Familiarizado com os equipamentos, procedimentos e treinamentos requeridos para conduzir triagem de segurança contra atos ilícitos [27]; (9) Avaliou custos e receitas esperadas que resultariam da realização de procedimentos de triagem na nossa fábrica [28]; (10) Reduziu tempo médio de entrega em X dias e Abaixou custos em Y%; (11) Com relação a prazos de pagamento, Proveu preço mais alto e prazo estendido para penetrar em mercados que de outra maneira recusariam em negociar com a nossa organização; (12) Criou um portfólio de clientes que contataram nossa fábrica e que estavam interessados em comprar nossos produtos e Enviou esta lista aos nossos importadores e distribuidores regulares, quando estes clientes eram pequenos e pertenciam à região deles; (13) Realizou seminários sobre produtos e campanhas de vendas [29] e (14) Desenvolveu uma rede internacional de relacionamentos de negócios

Recursos Humanos: (1) Atraiu e Reteve pessoas com habilidades diversificadas no mercado de trabalho de comércio exterior [30]; (2) Compensou de acordo com o desempenho [31]; (3) Ofereceu viagens internacionais com os filhos durante férias escolares [32]; (4) Proveu educação continuada de alto nível [33]; (5) Motivou com incentivos de participação nos lucros [34]; (6) Criou percursos bem definidos para crescimento e promoção [35] e (7) Enviou funcionários chave para participar de conferências internacionais para estreitar relacionamentos [36]

Gestão de Riscos: (1) Identificou e Avaliou exposições potenciais a riscos [37]; (2) Determinou os riscos cuja ocorrência era mais provável; (3) Avaliou opções de controle de perdas [38]; (4) Emitiu uma política empresarial contra terrorismo [39]; (5) Conduziu uma auditoria interna sobre questões de segurança contra atos ilícitos; (6) Contratou apólices de seguro para mitigar os riscos mais iminentes [40]; (7) Diversificou países e mercadorias para fazer negócios [41]; (8) Balanceou interesses seguráveis e prêmios de apólices [42]; (9) Escreveu um plano de contingência para eventos operacionais e não operacionais inesperados [43] e (10) Notificou imediatamente as autoridades no caso de ocorrências suspeitas

Conformidade: (1) Conduziu auditorias internas de gestão da conformidade [44]; (2) Monitorou medidas de conformidade [45]; (3) Reteve documentos de todos os embarques por X anos; (4) Lidou com instituições governamentais envolvidas no comércio internacional; (5) Desenvolveu plano de ação para lidar com auditor aduaneiro [46] e (6) Escreveu um manual de conformidade endereçando todas as questões relevantes [47]

3.10. Suprimentos

As atividades profissionais relacionadas ao assunto Suprimentos compreendem o gerenciamento de fornecedores e a execução de estratégias de fornecimento de produtos para uso por toda a organização.

SUPRIMENTOS:

Estratégia: (1) Desenvolveu a política da organização com relação a fornecimento [1]; (2) Estabeleceu um programa global de fornecimento [2]; (3) Integrou eletronicamente os principais parceiros pertencentes à nossa cadeia de suprimentos [3]; (4) Centralizou a coordenação do programa de fornecimento [4] e (5) Descentralizou a execução de transações operacionais [5]

Rotina de Compras: (1) Criou um manual de procedimentos de compras [6]; (2) Reuniu especificações [7]; (3) Previu quantidades [8]; (4) Emitiu ordens de compra; (5) Programou entregas [9]; (6) Recebeu mercadorias; (7) Pagou faturas [10]; (8) Manteve registros de todas as transações por X anos; (9) Diminuiu o tempo entre o reconhecimento da necessidade e o recebimento das mercadorias de Y%; (10) Conduziu leilões reversos [11]

Seleção de Fornecedores: (1) Identificou fornecedores potenciais [12]; (2) Definiu a metodologia para avaliação de fornecedores [13]; (3) Avaliou fornecedores [14]; (4) Determinou um sistema de pontuação para seleção de fornecedores [15]; (5) Acrescentou X novos fornecedores para a empresa; (6) Categorizou fornecedores pelo fato de que fossem servir para compras habituais ou compra única [16]; (7) Estabeleceu fornecedores preferenciais para cada produto [17]; (8) Desqualificou fornecedores [18]; (9) Gerenciou risco de fornecedores [19]; (10) Contatou todos os fornecedores [20]

Commodities: (1) Negociou preços, condições de entrega, pagamento [21] e qualidade; (2) Acrescentou X novos itens na linha de produtos da empresa; (3) Reduziu $ Y milhares em custos de importação; (4) Reuniu requerimentos das partes interessadas em produtos e serviços [22]; (5) Calculou taxas de consumo [23]; (6) Reduziu o nível de estoque requerido pelos departamentos da empresa [24]; (7) Abaixou estoques de matérias-primas para Y dias de fornecimento; (8) Criou encontros anuais de fornecedores; (9) Informou fornecedores sobre os nossos desafios atuais de fornecimento; (10) Entregou placas douradas para fornecedores em reconhecimento de melhores condições de fornecimento; (11) Desenvolveu um portal virtual para a cadeia de suprimentos [25]

Qualidade de fornecedores: (1) Compartilhou com nossos fornecedores chineses nossa expectativa [26] sobre especificações; (2) Melhorou a qualidade dos fornecedores chineses; (3) Monitorou a qualidade dos fornecedores [27]; (4) Enfatizou a prevenção de defeitos [28]; (5) Determinou o custo da qualidade [29]; (6) Convidou fornecedores chave a participar do desenvolvimento de processos e produtos [30] e (7) Propôs uma inovação que melhorou a qualidade do fornecedor e economizou tempo e dinheiro

Logística: (1) Desenvolveu uma estratégia de transportes [31]; (2) Identificou variáveis de desempenho de transportes [32]; (3) Selecionou modos de transporte [33]; (4) Selecionou transportadoras [34]; (5) Gerenciou despesas indiretas [35]; (6) Economizou $ X milhares com melhores opções de transporte

Fornecimento além-mar: (1) Contratou X gerentes de compras para trabalhar em Y cidades; (2) Considerou a cultura dos fornecedores [36]; (3) Desenvolveu uma estratégia de fornecimento para auxiliar X fábricas sobre Y commodities; (4) Desenvolveu mais de um fornecedor para cada commodity [37]; (5) Melhorou poder de barganha; (6) Mitigou riscos potenciais [38]; (6) Selecionou a moeda mais apropriada para cada compra [39] e (7) Afiou habilidade negocial intercultural

Contratos de longo prazo: (1) Selecionou tipos de contratos [40]; (2) Negociou elementos de contratos [41]; (3) Analisou brechas de contratos; (4) Criou cláusulas escapatórias [42]; (5) Avaliou garantias expressas e implícitas [43]; (6) Estabeleceu cláusulas de contingência para eventos imprevistos [44]; (7) Pesquisou sobre a situação financeira de fornecedores [45]; (8) Assinou contratos eletronicamente [46]

Ética: (1) Criou um código de ética para a função de compras [47]; (2) Informou o gerente de suprimentos sobre responsabilidades profissionais e legais [48]; (3) Monitorou a cadeia de suprimentos inteira para prevenir fraudes [49]; (4) Protegeu segredos comerciais [50]; (5) Evitou reciprocidade [51]; (6) Treinou funcionários sobre questões éticas [52]; (7) Manteve registros e relatórios sobre comportamentos antiéticos [53]; (8) Estabeleceu limites de autoridade [54]

Controle: (1) Mediu o desempenho de fornecimento e compras [55]; (2) Alinhou o Sistema de mensuração da cadeia de suprimentos com as metas organizacionais e os outros departamentos [56]; (3) Estabeleceu um procedimento de melhoria da qualidade baseado em partes com defeito por milhão [57]; (4) Focou em medidas de desempenho de curto e de longo prazo [58]; (5) Proporcionou feedback sobre desempenho [59]; (6) Fez benchmarking de desempenho [60]

3.11.Recursos Humanos

Recursos Humanos englobam gerir os trabalhos das pessoas, desde preencher vagas até recompensar desempenho. Nas linhas que seguem, as atividades profissionais sobre este assunto são apresentadas:

RECURSOS HUMANOS:

Estratégia: (1) Desenvolveu a política organizacional de RH [1]; (2) Reestruturou o departamento de RH de acordo com o estado da prática e (3) Durante minha estadia, a empresa foi selecionada para o prêmio "As melhores empresas para trabalhar" (http://fortune.com/best-companies) por X anos consecutivos e (4) Aumentou a retenção dos funcionários

Planejamento: (1) Conduziu auditoria de trabalhos e habilidades [2]; (2) Planejou a sucessão de empregados chave [3]; (3) Redesenhou trabalhos antigos e projetou trabalhos novos [4]; (4) Conduziu pesquisas de satisfação no trabalho [5] e (5) Envolveu a organização numa causa muito valorizada pelos empregados [6]

Mensuração: (1) Criou métricas de RH nas quatro áreas do Balanced Scorecard [7]; (2) Calculou e Avaliou medidas estratégicas e operacionais de RH [8] e (3) Conduziu auditorias internas de RH [9] e análise externa de benchmarking [10]

Recrutamento: (1) Recrutou X candidatos; (2) Desenvolveu uma estratégia de recrutamento [11] e planos de longo prazo [12]; (3) Cultivou redes para gerar pool de candidatos [13]; (4) Construiu marca da empresa como empregador [14] no mercado de trabalho mundial; (5) Anunciou postos de trabalho [15]; (6) Selecionou mensagens de recrutamento [16]; (7) Avaliou medidas de recrutamento [17] e (8) Participou de feiras de empregos [18]

Seleção: (1) Recebeu X candidaturas; (2) Entrevistou Y candidatos; (3) Criou e Administrou testes [19]; (4) Conduziu investigação de precedentes [20]; (5) Colocou X empregados; (6) Coordenou o follow-up destes empregados; (7) Manteve registros apropriados e relatórios [21] e (8) Pesquisou sobre a eficácia do processo de seleção [22]

Treinamento: (1) Desenvolveu planos estratégicos de treinamento [23]; (2) Avaliou o processo de treinamento [24]; (3) Considerou múltiplos estilos de aprendizado [25]; (4) Selecionou metodologias de treinamento [26]; (5) Proporcionou feedback e reforço após o treinamento [27] e (6) Conduziu encontro de boas vindas e orientação aos novos funcionários

Desenvolvimento da Carreira: (1) Formulou uma estratégia de desenvolvimento da carreira [28] e Passou aos funcionários; (2) Estabeleceu um centro de desenvolvimento da carreira [29]; (3) Emitiu uma circular de RH; (4) Praticou autodesenvolvimento e (5) Aconselhou e Desenvolveu um sucessor e subordinados [30]

Desempenho: (1) Supervisionou os empregados [31]; (2) Selecionou métodos de avaliação [32]; (3) Comunicou níveis esperados de desempenho [33]; (4) Comparou contra benchmarks; (5) Mediu e Comunicou o desempenho dos funcionários no momento apropriado [34]; (6) Proporcionou recompensas intrínsecas e extrínsecas [35] e (7) Uniu indicadores chave de desempenho de empregados a medidas de desempenho organizacional [36]

Compensação: (1) Coletou dados sobre pesquisas salariais [37]; (2) Determinou estruturas salariais e aumentos [38] e (3) Decidiu pela confidencialidade da remuneração [39]

Segurança contra acidentes: (1) Foi nomeado oficial de segurança; (2) Criou políticas de segurança [40]; (3) Conduziu auditorias de segurança [41]; (4) Pesquisou sobre a causa de acidentes [42]; (5) Comunicou perigos e procedimentos de emergência [43]; (6) Traduziu X Fichas de Segurança de produtos de fabricantes estrangeiros; (7) Gerenciou programas de ergonomia [44] e (8) Manteve registros de segurança para inspeção [45]

Saúde: Criou um folheto sobre bem-estar [46] e (2) Enviou ele aos novos funcionários

Segurança contra atos ilícitos: (1) Monitorou os computadores dos funcionários em tempo real [47]; (2) Assinou revistas sobre violência no local de trabalho [48]; (3) Criou um time de resposta à violência [49] e (4) Conduziu auditorias anuais de segurança contra atos ilícitos [50]

Relações Trabalhistas: (1) Criou políticas sobre direitos dos funcionários [51]; (2) Manteve registros sobre avisos e suspensões [52]; (3) Conduziu entrevistas de término do contrato de trabalho [53] e (4) Coordenou discussões com sindicatos [54]

3.12.Comportamento Organizacional

Atividades profissionais do assunto Comportamento Organizacional envolvem lidar com pessoas e motivá-las para fazer seu melhor para atingir metas estabelecidas:

COMPORTAMENTO ORGANIZACIONAL:

Planejamento: (1) Afiou as próprias habilidades de liderança [1]; (2) Avaliou os valores fundamentais dos empregados [2] e (3) Pesquisou sobre o impacto que indivíduos, times e a estrutura organizacional tem sobre o comportamento [3]

Emoções: (1) Emanou emoções e estados de espírito positivos [4]; (2) Entendeu indícios emocionais dos empregados [5]; (3) Identificou e Modificou próprias emoções; (4) Recompensou comportamento de cidadania organizacional [6]; (5) Avaliou eventos depois que eles ocorreram [7] e (6) Criou um diálogo aberto para lidar com a raiva

Personalidade: _Candidatos_: (1) Mediu personalidade [8]; (2) Classificou candidatos de acordo com seu tipo de personalidade [9]; (3) Colocou em ordem os valores dos candidatos de acordo com sua intensidade [10]; (4) Preferiu candidatos que demonstraram lealdade à carreira; (5) Avaliou ajuste dos candidatos às funções [11] e _Própria_: (1) Clarificou sobre as próprias dimensões culturais individuais

Percepção: (1) Determinou a influência de situações sobre a percepção [12]; (2) Avaliou motivos potenciais internos e externos conduzindo ao sucesso e ao fracasso [13]; (3) Resumiu pessoas por múltiplos fatores; (4) Coletou vários pontos de vista para resolver questões pendentes e (5) Justificou decisões

Motivação: (1) Contratou pessoas que se identificam com as funções [14]; (2) Contratou pessoas cujo desempenho influía sobre seu autovalor [15]; (3) Concedeu poder para definir tarefas [16]; (4) Melhorou condições de trabalho; (5) Motivou os funcionários para melhorar seu desempenho [17]; (6) Aumentou a satisfação dos empregados com o trabalho [18] e (8) Combinou recompensas intrínsecas e extrínsecas [19]

Times: (1) Formou times [20]; (2) Definiu objetivos [21]; (3) Programou horários; (4) Distribuiu trabalhos; (5) Emanou suporte internamente ao grupo; (6) Recompensou tanto indivíduos como o grupo como um todo [22]; (7) Dividiu informações [23]; (8) Gerou ideias [24]; (9) Coordenou projetos; (10) Proporcionou equipamentos [25]; (11) Planejou atividades e (12) Resolveu conflitos [26]

Comunicação: (1) Moldou mensagens de acordo com o contexto da cultura dos empregados [27]; (2) Definiu políticas para mídias sociais [28]; (3) Motivou funcionários para me seguirem nas redes; (4) Monitorou o uso de mídias sociais pelos empregados [29] para identificar se houve vazamento de informações [30]; (5) Pesquisou sobre o caráter dos candidatos a vagas de trabalho nas redes sociais [31] e (6) Monitorou mensagens de e-mail dos empregados [32]

Liderança: (1) Inspirou os funcionários na direção de realizar metas [33]; (2) Supervisionou trabalhos; (3) Estruturou próprio papel como líder; (4) Organizou o trabalho; (5) Satisfez prazos; (6) Estabeleceu respeito mútuo com subordinados [34]; (7) Ajudou com problemas; (8) Olhou problemas velhos sob novas maneiras [35] e (9) Treinou os empregados para conduzirem atividades independentemente [36]

Negociação: (1) Desenvolveu consenso sobre tarefas de trabalho e metas; (2) Motivou empregados para ajudarem uns aos outros; (3) Preparou para discussões [37]; (4) Satisfez nossos interesses e os do outro lado da negociação [38]; (5) Justificou pontos de vista [39]; (6) Concordou e Discordou quando requerido e (7) Conduziu negociações interculturais [40]

Organização: (1) Projetou o organograma da empresa [41]; (2) Criou departamentos [42]; (3) Separou funções [43]; (4) Clarificou relações de autoridade [44]; (5) Fechou filiais; (6) Reduziu o quadro de funcionários e (7) Balanceou a necessidade de emanar criatividade numa maneira de controle descentralizada com a necessidade de controlar o destino da empresa numa maneira centralizada de controle [45]

Cultura: (1) Desenvolveu e Cultivou uma cultura organizacional positiva [46]; (2) Emanou os nossos valores e crenças para toda a empresa [47]; (3) Estabeleceu adequação entre processos e cultura através da empresa; (4) Determinou metas mais importantes e os funcionários para alcançá-las [48] e (5) Enfatizou trabalho duro no sentido do crescer a empresa

Recursos humanos: (1) Identificou candidatos bem ajustados aos trabalhos [49]; (2) Conduziu testes de habilidade cognitiva e de personalidade [50]; (3) Convidou os empregados a participarem de seminários de treinamento [51]; (4) Reconheceu o desempenho ímpar de empregados [52]; (5) Desenvolveu as carreiras dos funcionários [53]; (6) Justificou a avaliação de desempenho de cada um [54] e (7) Diminuiu absenteísmo e rotatividade de funcionários

Mudança organizacional: (1) Conduziu mudanças planejadas [55]; (2) Lidou com a resistência a mudança [56]; (3) Declarou o motivo da mudança [57]; (4) Pesquisou o que mais requeria mudança dentro da organização; (5) Criou uma cultura de inovação e aprendizado [58]; (6) Avaliou fontes potenciais de estresse [59] e (7) Mitigou a geração de estresse [60]

3.13.Contabilidade

As realizações profissionais relacionadas a Contabilidade derivam da avaliação das relações entre variáveis gerenciais pertencentes a relatórios (como o balanço patrimonial) e o aproveitamento de oportunidades de negócios:

CONTABILIDADE:

Planejamento: *Geral*: (1) Planejou investimentos futuros e atividades de financiamento; (2) Identificou usuários de relatórios de contabilidade [1]; (3) Avaliou necessidades dos usuários das informações [2]; (4) Preparou relatórios de contabilidade [3]; (5) Analisou balanços patrimoniais [4]; (6) Adaptou o balanço patrimonial para enviar a bancos, credores [5] e proprietários; (7) Detectou erros em relatórios de contabilidade [6]; (8) Requisitou sua correção; (9) Pesquisou sobre os motivos subjacentes para resultados [7]; (10) Comparou nossos resultados financeiros com os resultados dos líderes de mercado por todo o país e pelo mundo [8]; (11) Definiu políticas para ações futuras; *Depreciação*: (1) Comparou métodos usados para computar depreciação [9]; (2) Selecionou um deles; (3) Decidiu sobre a vida útil de ativos fixos [10]; (4) Vendeu ativos fixos por um valor superior ao seu custo depois da depreciação; *Recebíveis*: (1) Selecionou um método de estimação para créditos incobráveis [11] e (2) Estimou créditos incobráveis [12]

Software: (1) Comparou softwares de contabilidade de primeira linha; (2) Listou os módulos requeridos para o sistema de contabilidade; (3) Decidiu quais controles internos seriam desejáveis sob o ponto de vista das partes interessadas e (4) Implementou o software [13]

Folha de pagamentos: (1) Coletou dados de entrada no sistema de folha de pagamentos [14]; (2) Computou o pagamento líquido dos funcionários [15]; (3) Desembolsou pagamentos [16]; (4) Projetou controles internos para o sistema de folha de pagamentos [17] e (5) Previu requerimentos de responsabilidade civil contingencial [18]

Controle: (1) Criou políticas [19] e procedimentos [20] de controle contábil; (2) Monitorou controles internos [21]; (3) Pesquisou sobre as causas subjacentes de resultados financeiros; (4) Decidiu qual informação reportar aos acionistas; (5) Avaliou riscos [22]; (6) Separou responsabilidades por operações relacionadas [23]; (7) Usou autorização como uma medida de segurança [24]; (8) Pré-numerou documentos [25]; (9) Localizou fraquezas; (10) Checou extratos bancários [26] e (11) Controlou o percurso do dinheiro [27]

Contabilidade gerencial: *Aumentos*: A partir do ano fiscal do meu ingresso na empresa até o ano fiscal atual, Aumentou os seguintes índices e variáveis financeiras [28] (porcentagem entre parênteses): Renda líquida (X%); Liquidez (Y%); Solvência (X%); Disponibilidades (Y%); Liquidez corrente (X%); Receita (Y%); Lucro bruto (X%); Preço de venda (Y%); Liquidez imediata (X%); giro de recebíveis (Y%); Vendas por ativos (X%); Ganhos por ação (Y%); Dividendos por ação (X%); Lucro líquido (Y%); Giro do estoque (X%); Receita por empregado (Y%); Giro dos ativos fixos (X%); *Quedas*: Pelos últimos X anos, Gerenciou times multidisciplinares e Abaixou os seguintes índices e variáveis financeiras [29] (porcentagem entre parênteses): Passivo por capital social (Y%); Custos de produção (X%); Folha de pagamentos da fábrica (Y%); Folha de pagamentos do escritório (X%); Despesas com contas incobráveis (Y%); Número de dias de vendas nos recebíveis (X%); Número de dias de vendas no estoque (Y%) e Pagamento de contas (X%)

Parcerias: (1) Comparou formas legais de organizar e operar negócios [30]; (2) Selecionou uma delas; (3) Fixou uma data para abrir o capital; (4) Admitiu parceiros para o nosso negócio [31]; (5) Criou cláusulas no contrato social para termos de retirada de um parceiro [32]; (6) Lidou com a morte de um parceiro [33] e (7) Liquidou uma parceria [34]

Investimentos: (1) Comprou X% das ações de competidores e parceiros principais na cadeia de suprimentos; (2) Reinvestiu na operação atual dinheiro trazido das operações regulares da empresa [35]; (3) Investiu em investimentos temporários [36]; (4) Conduziu investimentos de longo prazo [37] em ações de outras empresas; (5) Adquiriu Y% de ações de empresas não competidoras nem parceiras na cadeia de suprimentos; (6) Consolidou com competidores e parceiros na cadeia de suprimentos [38]; (7) Calculou o rendimento de dividendos [39]; (8) Explicou aos acionistas a política de dividendos da empresa [40]

Análise de vendas: (1) Estabeleceu a relação entre receita e custos [41]; (2) Determinou quantas unidades de produtos devem ser vendidas para cobrir os custos [42]; (3) Identificou as atividades que causam mudanças no custo [43]; (4) Classificou custos como variáveis ou fixos [44]; (5) Analisou os efeitos de mudança nos preços de venda sobre lucros [45]; (6) Analisou os efeitos de mudança nos custos sobre lucros [46]; (7) Conduziu decisões de alugar ou vender [47]; (8) Descontinuou um produto; (9) Conduziu decisões de fabricar ou comprar [48]; (10) Estimou custo de atividades [49]; (11) Concedeu responsabilidade para centros de custo e centros de lucro [50]; (12) Avaliou custos de fabricação comparando resultados reais com esperados [51]; (13) Considerou descentralizar as operações [52]; (14) Avaliou propostas para investimentos de longo prazo em ativos fixos [53]; (15) Determinou o volume de produto final que cobriria despesas operacionais e (16) Calculou orçamentos [54]

Investimentos em capital: (1) Comparou custos para investir em capital de longo prazo e sua futura receita e fluxos de caixa [55]; (2) Determinou a vida útil de propostas de investimentos em capital [56] e (3) Considerou incertezas [57]

3.14.Gestão do Crédito

Gestão do Crédito significa atividades tais como avaliação de risco de crédito e gestão da carteira de cobrança. Em seguida são apresentadas as realizações profissionais relacionadas a este assunto de negócios:

GESTÃO DO CRÉDITO:

Estratégia: Definiu a política de gestão do crédito para a empresa [1]

Planejamento: (1) Integrou os departamentos de vendas e crédito [2]; (2) Educou o cliente sobre condições de pagamento [3]; (3) Obteve informações de crédito no início da negociação [4]; (4) Definiu os prazos de pagamento mais curtos e mais longos e condições ulteriores de venda a serem aplicadas em vendas domésticas [5] e (5) Criou e Distribuiu para os funcionários de vendas e crédito um panfleto sobre o comportamento provável de clientes inadimplentes [6]

Avaliação do Risco: (1) Analisou relatórios de risco de crédito de bancos, fornecedores e clientes emitidos por organizações de avaliação de crédito e (2) Definiu as moedas que nossa empresa deveria usar para importar e aquelas a serem usadas para exportar [7]

Mensuração: (1) Estabeleceu um método para avaliar o risco de crédito de clientes novos e regulares [8]; (2) Estabeleceu objetivos de caixa [9]; (3) Calculou e Reduziu em X% a medida de inadimplência total da clientela; (4) Solicitou dos clientes novos seus balanços patrimoniais e demonstrativos de resultado do exercício [10]; (5) Calculou medidas de previsão de insolvência deste clientes [11]; (6) Mostrou a nossos bancos e fornecedores estrangeiros que nossos balanços patrimoniais indicam uma solvência aceitável e (7) Controlou os relatórios produzidos pelo departamento de crédito [12]

Cobrança: (1) Decidiu quais técnicas de cobrança empregar numa abordagem caso a caso [13]; (2) Treinou o pessoal de cobrança como preparar a ligação telefônica antecipadamente e como lidar com as principais desculpas através do telefone [14]; (3) Parabenizou os funcionários que tiveram êxito em recuperar débitos [15]; (4) Analisou razões subjacentes de funcionários que falharam [16] e (5) De tempos em tempos e para os maiores casos de inadimplência, Usou escritórios de cobrança externos [17]

Seguro de Risco de Crédito: (1) Solicitou uma cotação de uma apólice de risco de crédito; (2) Conduziu uma análise custo-benefício da proposta [18]; (3) Testou seguro de risco de crédito por um ano fiscal; (4) Avaliou o resultado e (5) Decidiu continuar ou não usando apólices de risco de crédito

Direito de Crédito Comercial: (1) Acompanhou casos de liquidação nos quais a empresa era um credor e (2) Decidiu não processar clientes insolventes a menos que ocorresse uma ação coletiva

Serviços de Crédito: (1) Conduziu uma análise de custo-benefício da carteira de cobrança interna contra financiamento, factoring e desconto de duplicatas [19]; (2) Decidiu sobre a melhor alternativa [20] e (3) Estabeleceu cartões de crédito e débito como nova modalidade de pagamento das notas fiscais da empresa [21]

3.15.Finanças

As realizações profissionais do assunto Finanças envolvem, entre outros assuntos, decisões de financiamento para gerar recursos necessários para o desenvolvimento de atividades regulares e futuras:

FINANÇAS:

Investimentos: (1) Definiu a política de investimentos da empresa [1]; (2) Redistribuiu os recursos através dos bancos para alcançar o status de banco privado na maioria deles; (3) Determinou o perfil de investidor dos sócios da empresa; (4) Definiu orçamento disponível para investimentos; (5) Avaliou fundos de investimento e (6) Construiu uma carteira eficiente [2] e diversificada que rendeu X% em Y meses gerando $ X milhões

Endividamento: (1) Definiu a política de endividamento da empresa [3]; (2) Determinou o endividamento ideal para vários horizontes temporais [4]; (3) Avaliou fontes de financiamento; (4) Decidiu entre emprestar ou contrair empréstimos [5]; (5) Decidiu entre emitir ações ou endividar-se; (6) Calculou o valor da dívida e do capital próprio da empresa; (7) Conseguiu maior taxa de juros quando emprestou dinheiro do que quando pediu emprestado; (8) Pagou dívidas e juros sobre elas e (9) Utilizou benefícios fiscais [6]

Dividendos: (1) Definiu a política de dividendos da empresa [7]; (2) Fez o balanço entre distribuir dividendos e reinvestir os lucros [8]; (3) Aumentou valor dos dividendos em X%; (4) Evitou modificações súbitas nos dividendos [9]; (5) Proporcionou um nível justo de dividendos [10]; (6) Determinou o objetivo de longo prazo para o índice de distribuição de dividendos [11] e (7) Adaptou o objetivo para o índice de distribuição de dividendos às oportunidades de investimento [12]

Planejamento: (1) Listou as necessidades financeiras [13]; (2) Definiu origem e aplicação de recursos para vários anos vindouros [14]; (3) Preparou relatórios de contas [15]; (4) Gerou recursos [16]; (5) Definiu níveis de estoque [17]; (6) Determinou o prazo de pagamento para os clientes [18]; (7) Determinou limites de crédito [19]; (8) Previu o fluxo de caixa mensal para vários anos [20] e (9) Considerou o efeito integrado das decisões de investimento e financiamento

Risco: _Doméstico_: (1) Identificou e Classificou riscos [21]; (2) Analisou riscos [22]; (3) Decidiu para quais riscos contratar uma apólice de seguros e quais riscos correr [23]; (4) Construiu cenários [24] decorrentes da necessidade de uma cobertura de risco; (5) Avaliou custo de oportunidade do capital [25]; _Internacional_: (1) Avaliou investimentos no estrangeiro [26]; (2) Definiu moedas para descontar fluxos de caixa [27]; (3) Analisou o risco cambial [28] e (4) Contratou uma apólice de seguros contra os riscos mais prováveis

Ações: (1) Maximizou o valor das ações da empresa [29]; (2) Estimou o lucro médio por ação [30]; (3) Calculou preço de novas ações [31]; (4) Vendeu ações [32] e (5) Recomprou ações [33]

Abertura do capital: (1) Realizou uma oferta pública inicial de ações [34]; (2) Decidiu entre uma subscrição pública e uma colocação privada [35]; (3) Selecionou subscritores das ações [36]; (4) Preparou um dossiê de registro [37]; (5) Fixou comissões [38]; (6) Estimou a quantia que os investidores estavam dispostos a pagar pelas novas ações [39]; (7) Montou um livro com ordens prováveis de compra [40] e (8) Usou estas informações para fixar o preço de emissão [41]

Obrigações: (1) Avaliou obrigações [42]; (2) Decidiu com que tipo de obrigações trabalhará [43]; (3) Amortizou obrigações [44]; (4) Modificou preços de obrigações [45]; (5) Tirou obrigações de circulação [46] e (6) Realizou uma colocação privada de obrigações [47]

Opções: (1) Avaliou opções [48]; (2) Vendeu opções [49]; (3) Comprou opções; (4) Realizou decisões de investimento e financiamento que incluíam opções [50]; (5) Calculou o preço de opções [51] e (6) Remunerou executivos baseada em opções de ações [52]

Avaliação: (1) Avaliou o valor da nossa empresa caso houvesse uma aquisição horizontal ou vertical [53]; (2) Avaliou o valor de uma das nossas áreas de negócio para colocá-la à venda [54]; (3) Avaliou o valor da empresa no caso de abertura do capital [55]; (4) Decidiu entre fechar a empresa ou continuar operando e (5) Vendeu a empresa

Opções Reais: (1) Identificou opções reais [56]; (2) Avaliou variáveis relevantes de opções reais [57]; (3) Realizou projetos; (4) Analisou os cenários [58]; (5) Alterou projetos [59]; (6) Identificou incertezas [60]; (7) Abandonou projetos temporária ou permanentemente [61]; (8) Programou atividades [62]; (9) Determinou duração de projetos [63]; (10) Tomou medidas corretivas e (11) Avaliou opções reais de concorrentes [64]

Leasing: (1) Avaliou propostas de leasing [65]; (2) Decidiu entre leasing e compra [66] e (3) Balanceou multas e benefícios de cancelamento de contratos [67]

Fusões e Aquisições: (1) Estimou se fusões potenciais produziriam lucros maiores do que realizava cada empresa separadamente [68]; (2) Conduziu fusões [69]; (3) Procurou empresas subavaliadas no mesmo ramo de negócios [70]; (4) Efetuou aquisição delas; (5) Avaliou ganhos econômicos em aquisições potenciais [71]; (6) Realizou aquisições alavancadas [72]; (7) Reduziu desperdícios [73]; (8) Melhorou eficiência operacional [74]; (8) Desmembrou da empresa adquirida uma unidade de negócios [75] e (9) Reestruturou e Vendeu essa unidade [76]

3.16.Economia

As atividades profissionais envolvidas no assunto Economia lidam com a empresa inserida no contexto de um mercado ou indústria, onde custos, quantidades e lucros resultam em preços e receitas:

ECONOMIA:

Microeconomia: *Custos de Produção*: (1) Calculou receita total, custo total e lucro [1]; (2) Determinou custos implícitos [2]; (3) Comparou o lucro econômico com o lucro contábil [3]; (4) Construiu a função de produção da empresa como um todo [4]; (5) Calculou o produto marginal [5]; (6) Colocou num gráfico várias curvas de custo (tais como total, médio, fixo, variável e marginal), tanto no curto quanto no longo prazo [6]; (7) Transformou deseconomias de escala em economias de escala; *Externalidades*: (1) Internalizou a externalidade negativa da produção (lixo industrial) através da disposição seletiva e consequente venda para reciclagem do cavaco; (2) Promoveu o compartilhamento de conhecimento em línguas e computação entre os funcionários como externalidade positiva resultante de preparo de longo prazo e (3) Reduziu o risco de greve como externalidade negativa através da contratação predominante de graduados no ensino superior, já que em ocorrências passadas os portadores deste perfil se recusaram a endossar a greve; *Monopólio*: (1) Obteve patentes sobre um produto que tornou a empresa um monopólio [7]; (2) Maximizou o lucro do monopólio [8]; (3) Avaliou a disposição a pagar dos consumidores [9]; (4) Selecionou critérios e Praticou discriminação de preços [10]; *Oligopólio*: (1) Após jogar repetidas vezes o jogo do dilema do prisioneiro, Aprendeu a tática dos competidores e Selecionou a estratégia mais adequada [11] e *Concorrência monopolística*: (1) Anunciou produtos um pouco diferenciados para evitar guerra de preços

Macroeconomia: _Produto Interno Bruto_: (1) Elevou a produtividade (e conseqüentemente o PIB) através de treinamento dos funcionários (aumento do valor do capital humano), compra de mais imóveis comerciais e industriais, leitura de livros best-sellers de negócios (melhoria do conhecimento tecnológico) e aumento do giro do estoque; (2) Treinou os funcionários sobre planejamento financeiro e familiar com a finalidade de estimular a poupança, elevar o PIB per capita e o padrão de vida de todos; (3) Corrigiu percepções errôneas dos clientes quanto à relação custo-benefício de produtos, estimulando a demanda por produtos de maior preço, porém com maior vida útil; _Desemprego_: (1) Baixou desemprego uma vez ao ano através da ampliação do número de funcionários de N para N/(1-u), onde u = taxa de desemprego oficial, sempre que agindo assim o lucro marginal dos nossos produtos ainda se mantivesse positivo; _Inflação_: (1) Baixou a inflação buscando comprar de atacadistas ou fabricantes em vez de varejistas sempre que possível; (2) Baixou o custo de sola de sapato [12] elevando o valor do pedido mínimo dos clientes para que fizessem menor número de visitas à empresa; (3) Baixou o custo de cardápio [13] mantendo a lista de preços da empresa com uma lucratividade ligeiramente maior para atenuar a constante necessidade de atualização e (4) Especializou a empresa no que ela faz de melhor, ou seja, economizando recursos e maximizando valor ao cliente de forma lucrativa

3.17.Seguros

As realizações profissionais do assunto de negócios Seguros lidam com perdas potenciais e incorridas, e a contratação de apólices de seguros para transferir o risco, ou parcialmente ou totalmente, ao segurador:

SEGUROS:

Ética: (1) Manteve todas as perdas como acidentais e não intencionais [1]

Treinamento: (1) Envolveu os funcionários num programa de prevenção de incêndio, explosão e doenças e ferimentos relacionados ao trabalho e (2) Educou empregados sobre riscos seguráveis e não seguráveis

Planejamento: (1) Criou um programa integrado de gestão de riscos [2]; (2) Identificou exposições a perdas e os principais ativos a serem protegidos [3]; (3) Classificou riscos por natureza [4]; (4) Expressou o risco em termos monetários; (5) Comparou técnicas para tratar exposições a perdas [5]; (6) Selecionou as mais apropriadas [6]; (7) Calculou a probabilidade de perdas [7]; (8) Afastou exposições a perdas [8]; (9) Combinou exposições a perdas quando o risco poderia ser diminuído desta forma; (10) Desenhou fluxogramas de produção e entrega; (11) Registrou dados históricos sobre perdas [9]; (12) Estimou a perda de receita de negócios no caso de uma interrupção das atividades da empresa; (13) Previu as perdas vindouras da organização [10] e (14) Modelou catástrofes [11]

Emergências: (1) Estabeleceu um plano de contingência para o evento de uma interrupção das atividades da fábrica; (2) Instalou sistemas de sprinklers para o evento de um incêndio [12] e (3) Comprou sistemas de alarme para os prédios do escritório e fábrica

Execução: (1) Conduziu inspeções físicas [13]; (2) Coletou provas das perdas [14]; (3) Reduziu a severidade das perdas depois que elas ocorreram [15]; (4) Reduziu a freqüência de perdas específicas [16]; (5) Retomou parcialmente as operações depois da ocorrência de perdas e operações totais dentro de X anos a partir daquela data; (6) Estabilizou lucros após um sinistro; (7) Continuou crescendo a empresa após um sinistro; (8) Reteve parte ou todas as perdas resultantes de um dado sinistro [17]; (9) Pagou perdas; (10) Conduziu transferências contratuais de perdas [18]; (11) Monitorou programas integrados de gestão de riscos [19]; (12) Mediu perdas [20]; (13) Verificou que uma perda estava coberta por uma apólice de seguros [21]; (14) Notificou sinistros à seguradora [22]; (15) Solicitou indenização para perdas cobertas [23]; (16) Evitou vender produtos defeituosos e (17) Pediu ajuda pessoal da companhia seguradora [24]

Seguradoras: (1) Selecionou seguradoras com a maior liquidez e solvência e (2) Assinou um noticiário de seguros contendo informações sobre a reputação das seguradoras e histórico de pagamento de sinistros

Seguros: *Geral*: (1) Criou questionários de análise de riscos; (2) Solicitou aos funcionários que o preenchessem; (3) Buscou erros nas respostas; (4) Avaliou as necessidades de seguro da empresa; (5) Analisou seguradoras e propostas para satisfazer essas necessidades; (6) Definiu critérios para seleção de propostas; (7) Selecionou as melhores; (8) Explicou aos funcionários os termos e cláusulas das apólices; (9) Contratou um corretor de seguros para reduzir os custos externos; *Vida, Saúde e Odontológico*: (1) Estabeleceu um balanço entre vida e trabalho para que os empregados levem vidas mais longas e saudáveis; (2) Estimou o montante de seguro de vida requerido [25]; (3) Identificou beneficiários primários [26]; (4) Discutiu com os empregados sobre coberturas e exclusões de apólices; (5) Incorporou benefícios na remuneração dos empregados; (6) Satisfez o requerimento mínimo de participantes [27]; (7) Selecionou padrões de contribuição [28]; (8) Comparou planos de previdência privados com contribuição definida e com benefício definido [29]; *Residencial*: (1) Avaliou coberturas de propriedade, perigos segurados e exclusões; (2) Explicou aos segurados suas obrigações no caso de um sinistro; *Automóveis*: (1) Instalou alarme nos veículos; (2) Mudou de apólices de automóveis para um pacote de localizador e bloqueador de carros e assistência no caso de pane; (3) Coletou informação sobre o perfil dos motoristas da empresa; (4) Identificou as partes seguradas pela cobertura de responsabilidade civil; (5) Solicitou aos motoristas de empresa que tomassem cuidado ao dirigir; (6) Explicou aos motoristas os riscos cobertos e os excluídos; (7) Proibiu os motoristas de dirigir alcoolizados; (8) Contratou motoristas com mais de X anos e com ausência de acidentes de carro nos últimos Y anos; _Propriedades_: (1) Passou por inspeções físicas [30]; (2) Avaliou riscos de propriedade [31]; (3) Avaliou coberturas opcionais [32]; (4) Identificou causas das perdas para indenizações [33]; _Responsabilidade Civil_: (1) Analisou quais responsabilidades e quais montantes deveriam ser cobertos por uma apólice [34]; (2) Avaliou apólices de responsabilidade civil de empregadores [35]; (3) Analisou os riscos cobertos e os exclusos [36]; (4) Decidiu contratar uma apólice de responsabilidade civil dos empregados; (5) Concluiu que uma apólice de responsabilidade civil para as instalações e operações, produtos, contratos e contingência era requerida; _Crime_: (1) Implementou um sistema de segurança que reduziu tanto exposição a perdas resultante de crime quanto o prêmio da apólice contra crime e (2) Selecionou lugares com baixa exposição a criminalidade para fixar nosso escritório e fábrica

3.18.Gestão da Qualidade

Gestão da Qualidade compreende as realizações profissionais relacionadas ao monitoramento de aspectos da qualidade de produtos e serviços que a empresa disponibiliza ao mercado industrial ou ao mercado consumidor ou para ambos:

GESTÃO DA QUALIDADE:

Gestão Estratégica: (1) Foi nomeado gerente da qualidade; (2) Criou a política organizacional sobre qualidade [1]; (3) Enviou cópias desta política para as partes interessadas [2]; (4) Escreveu um manual de qualidade [3]; (5) Adaptou a estrutura da ISO9001 para o nosso caso de fabricação [4]; (6) Submeteu e Recebeu a certificação ISO9001; (7) Manteve-se atualizado sobre normas de qualidade novas e regulares; (8) Definiu objetivos de qualidade [5]; (9) Manteve registros relacionados à qualidade por X anos fiscais em um lugar somente conhecido dos funcionários designados para tanto e (10) Estabeleceu um programa de gestão da qualidade

Análise: (1) Avaliou o desempenho atual da produção com relação à qualidade [6] e (2) Estabeleceu objetivos numéricos para melhorias [7]

Planejamento: *Operações*: (1) Balanceou os benefícios e custos de assegurar a qualidade [8]; (2) Escreveu procedimentos técnicos [9]; (3) Criou fluxogramas de processos [10]; (4) Desenvolveu instruções de trabalho [11]; (5) Enviou procedimentos, fluxogramas de processos e instruções de trabalho para os funcionários designados; (6) Validou-os; (7) Calculou o orçamento do departamento de qualidade [12]; (8) Criou listas de checagem; (9) Estabeleceu indicadores chave de desempenho relacionados a qualidade [13]; (10) Desenvolveu o organograma da empresa no tocante a gestão da qualidade [14]; (11) Produziu desenhos; (12) Uniu a padrões os procedimentos, processos e instruções de trabalho [15]; (13) Protegeu a propriedade intelectual dos clientes usada na fabricação [16]; (14) Visitou os clientes para entender melhor as necessidades deles [17]; (15) Definiu critérios para aceitabilidade de produtos [18]; (16) Evitou especificar demais [19]; (17) Desenvolveu questionários de auto avaliação para fornecedores; *Emergências*: (1) Analisou as fichas de segurança de todas as matérias-primas; (5) Avaliou riscos e (6) Encontrou perigos potenciais

Execução: (1) Organizou atividades e recursos [20]; (2) Assegurou controle de qualidade interno e externo [21]; (3) Projetou X produtos e Y serviços; (4) Permitiu a sua precificação de maneira competitiva; (5) Recebeu retorno do cliente sobre a qualidade de amostras do nosso produto [22]; (6) Coletou provas do nível de qualidade [23]; (7) Proporcionou assistência técnica e manutenção; (8) Coordenou o laboratório de P&D; (9) Examinou embalagens; (10) Proporcionou melhoria contínua do sistema de gestão da qualidade [24]; (11) Calibrou equipamentos; (12) Certificou X produtos em Y organismos acreditados de certificação; (13) Imprimiu números de lote na embalagem dos produtos; (14) Satisfez padrões de qualidade internacionalmente acordados; (15) Testou produtos e (16) Conduziu testes de campo para avaliar o desempenho dos produtos

Controle: _Mensuração_: (1) Controlou diariamente a qualidade dos produtos e serviços da empresa [25]; (2) Selecionou um método de monitoramento [26]; (3) Monitorou todos os estágios do processo produtivo [27]; (4) Cortou geração de lixo em X%; (5) Melhorou confiabilidade do produto em Y%; (6) Aumentou satisfação do cliente em X%; (7) Reduziu o número de produtos finais defeituosos em Y%; (8) Aumentou a vida média do produto em X%; (9) Abaixou o percentual de falhas em Y%; (10) Melhorou a função e aparência dos produtos; _Não conformidades_: (1) Estabeleceu um número de telefone para reclamações; (2) Projetou questionários de qualidade [28]; (3) Entrevistou as partes interessadas sobre questões de qualidade; (4) Gerenciou processos de não conformidades [29]; (5) Tomou ações paliativas para mitigar não conformidades [30]; (6) Investigou motivos subjacentes para não conformidades [31]; (7) Agiu no sentido de afastar sua recorrência [32]; (8) Manteve registros dos resultados de ações corretivas e preventivas [33]; (9) Pesquisou sobre a eficácia das ações; (10) Mudou procedimentos quando necessário; (11) Segregou produtos acabados que apresentaram baixa qualidade [34]; _Auditoria_: (1) Preparou um plano de auditoria [35]; (2) Criou listas de checagem para auditoria; (3) Muitas vezes Conduziu uma auditoria interna de qualidade [36]; (4) Determinou a conformidade com a norma ISO9001 [37]; (5)

Registrou resultados de auditorias [38]; (6) Informou-os ao Conselho de Administração; (7) Contratou um especialista para auditar nossos fornecedores principais; (8) Qualificou auditores internos; (9) Programou auditorias internas e externas [39]; (10) Definiu o escopo das auditorias [40] e (11) Preparou respostas para questionamentos típicos do auditor

Desenvolvimento dos funcionários: (1) Educou os funcionários responsáveis pela qualidade dos produtos [41]; (2) Com relação a medidas que nós monitoramos, treinou os funcionários a reduzir o valor daquelas indesejadas e aumentar o valor das desejadas; (3) Participou de seminários de planejamento da qualidade; (4) Treinou os funcionários técnicos para usar equipamento para testar amostras; (5) Documentou sessões de treinamento [42]; (6) Avaliou a eficácia dos treinamentos [43] e (7) Criou uma equipe para assegurar a qualidade

3.19.Gestão Ambiental

As atividades profissionais que concernem Gestão Ambiental envolvem monitorar a relação entre a empresa e o meio ambiente, visando a proteção deste último:

GESTÃO AMBIENTAL:

Gestão Estratégica: (1) Criou a política ambiental da organização [1]; (2) Enviou cópia da política para as partes interessadas [2]; (3) Desenvolveu um manual do sistema de gestão ambiental [3]; (4) Submeteu e Obteve a certificação ISO14001; (5) Manteve-se atualizado com regulamentações ambientais novas e regulares; (6) Desenvolveu questionários de autoavaliação de fornecedores [4]; (7) Armazenou documentos relacionados ao meio ambiente por X anos fiscais no lugar acessível aos funcionários designados e (8) Estabeleceu um programa de gestão ambiental [5]

Análise: (1) Pesquisou sobre o desempenho ambiental passado da empresa [6]; (2) Considerou aspectos de poluição do ar, água, solo e ruídos [7]; (3) Desenvolveu relatórios de impactos tanto positivos quanto negativos das operações, produtos e sítios sobre o ambiente natural e as espécies que ali vivem; (4) Avaliou o desempenho ambiental atual [8]; (5) Estabeleceu metas numéricas de melhoria; (6) Colocou os impactos em ordem de prioridade para lidar com eles [9]; (7) Avaliou impactos ambientais sempre que uma mudança de processo ocorreu [10]

Planejamento: *Operações*: (1) Criou um procedimento para analisar impactos ambientais a fim de revelar a importância relativa de pontos de vista múltiplos [11]; (2) Listou efeitos ambientais sob condições normais de operação [12]; (3) Submeteu e Obteve autorização governamental para armazenar e vender produtos químicos; (4) Designou atividades para áreas das nossas instalações; *Emergências*: (1) Treinou os funcionários sobre o que fazer no caso de uma miríade de situações de emergência diferentes [13]; (2) Prestou atenção a fim de evitar emissões acidentais para atmosfera e descargas acidentais para a água e o solo [14]; (3) Avaliou o perigo de derramamentos acidentais causados aos ecossistemas [15]; (4) Estudou as fichas de segurança de todas as matérias-primas

Execução: (1) Alocou recursos humanos, técnicos e financeiros para satisfazer as metas ambientais da fábrica [16]; (2) Reciclou água usada em um processo produtivo para usá-la em outro processo [17]; (3) Reusou água para limpar o chão [18]; (4) Instalou dispositivos que economizam energia em nosso escritório e fábrica [19]; (5) Evitou contaminação do solo e derramamentos para atmosfera dentro dos sítios produtivos; (6) Comprou uma área rural para preservar habitats de vida selvagem; (7) Projetou produtos e serviços para minimizar seu impacto ambiental negativo desde a produção até a disposição [20]; (8) Reciclou lixo sólido; (9) Controlou matérias-primas perigosas; (10) Esforçou-se para promover desenvolvimento sustentável [21]; (11) Coordenou o laboratório de P&D; (12) Organizou o manuseio e armazenagem de matérias-primas; (13) Organizou atividades operacionais diárias; (14) Respondeu a mudanças nos requerimentos ambientais [22]; (15) Minimizou o impacto das nossas operações de transporte [23]; (16) Ao lado de uma análise custo benefício, Considerou os impactos ambientais dos nossos fornecedores [24]; (17) Desenhou um rascunho da nossa fábrica mostrando seus pontos de descarga e Criou uma planilha com as medidas anuais de descarga [25]; (18) Selecionou fatores para ponderar cada efeito ambiental e Calculou pontuações [26] e (19) Conduziu melhoria contínua da gestão ambiental [27]

Controle: _Mensuração_: (1) Monitorou todas as variáveis medidas [28]; (2) Estabeleceu horizontes temporais para as medidas; (3) Cortou geração de lixo em X%; (4) Diminuiu a emissão de agentes poluidores no ambiente natural em Y%; (5) Reduziu a produção de esgoto em X%; (6) Recuou as emissões de CO_2 em Y%; (7) Cortou utilização de energia em X%; (8) Diminuiu água utilizada em Y%; (9) Reduziu o consumo de combustível em X%; (10) Recuou as emissões de chumbo em Y%; (11) Cortou emissões de óxidos de nitrogênio em X%; (12) Reduziu o consumo de substâncias que destroem o ozônio em Y%; (13) Controlou o lixo por peso e número de peças de cada produto que fabricamos; _Não conformidades_: (1) Identificou e Registrou todos os acidentes ambientais significativos [29]; (2) Tomou ações corretivas para mitigar seus impactos ambientais [30]; (3) Investigou razões subjacentes para não conformidades [31]; (4) Agiu no sentido de evitar sua recorrência [32]; (5) Manteve registros de resultados de ações corretivas e preventivas [33]; (6) Pesquisou sobre a eficácia das ações [34]; (7) Mudou procedimentos quando requerido; _Auditoria_: (1) Criou listas de checagem para auditoria [35]; (2) Periodicamente Conduziu uma auditoria ambiental interna [36]; (3) Determinou conformidade à ISO14001 [37]; (4) Registrou resultados de auditorias [38] e (5) Informou o resultado para a Direção [39]

Educação: (1) Com relação a medidas que são monitoradas, Treinou os empregados para reduzir o valor daquelas indesejáveis e aumentar o valor das desejáveis [40]; (2) Participou de seminários de planejamento ambiental; (3) Documentou sessões de treinamento [41]; (4) Avaliou a eficácia do treinamento; (5) Criou consciência do ambiente natural dentro da empresa e na sua vizinhança; (6) Estabeleceu parcerias com institutos de pesquisa e (7) Compartilhou conhecimento sobre questões ambientais com fornecedores e clientes

Comunicação: (1) Comunicou compromisso para proteção ambiental [43]; (2) Lidou com questões legais na interface entre o meio ambiente e nossa organização, atividades, produtos e serviços [44]; (3) Informou às partes interessadas o desempenho ambiental da empresa [45]; (4) Publicou registros ambientais e Enviou-os através da empresa [46] e (5) Pesquisou a opinião pública sobre programas ambientais da nossa fábrica

3.20.Responsabilidade Social

Responsabilidade Social compreende atividades profissionais conduzidas por uma empresa, mas cuja finalidade é fazer boas coisas tanto para ela mesma quanto para a sociedade em geral:

RESPONSABILIDADE SOCIAL:

Planejamento Estratégico: Alinhou os objetivos do departamento de Responsabilidade Social com as Metas de Desenvolvimento do Milênio [1] emanadas pela Organização das Nações Unidas (ONU)

Metas de Desenvolvimento do Milênio: (2001-2015) *Erradicar a pobreza extrema e a fome* [2]: (1) Doou recursos para organizações não governamentais de combate à fome; (2) Colocou o salário mínimo da empresa acima do patamar mínimo estipulado pelo governo federal; *Alcançar educação primária universal* [3]: (1) No teste de admissão, Fez entre outras perguntas, algumas questões envolvendo o programa do ensino fundamental, e para quem não conseguiu responder ou respondeu incorretamente, Ensinou como resolvê-las; *Promover igualdade entre sexos e Fortalecer mulheres* [4]: (1) Contratou aproximadamente o mesmo número de funcionários e funcionárias; (2) Manteve este mesmo equilíbrio na composição da diretoria da empresa; *Reduzir mortalidade infantil* [5]: (1) Doou ou mantimentos ou fraldas a funcionárias da classe baixa quando estas se tornaram mães; *Melhorar saúde das gestantes* [6]: (1) Permitiu a gestantes a ausência do trabalho mesmo sem apresentação de atestado médico, quando informado que ficou em casa de repouso devido mal-estar relacionado à gestação; *Combater HIV/AIDS, malária e outras doenças* [7]: (1) Eliminou recipientes com água parada para evitar deposição de ovos do mosquito da dengue; *Assegurar sustentabilidade ambiental* [8]: (1) Implantou células fotovoltaicas para aproveitar energia solar em X propriedades da empresa (localizadas em Y cidades) e *Parceria global para o desenvolvimento* [9]: (1) Acompanhou as notícias do sítio da ONU, bem como as iniciativas globais em termos das metas de desenvolvimento do milênio, para selecionar aquelas que poderiam ser aplicadas pela nossa empresa

Iniciativas Sociais Corporativas: (1) Escolheu iniciativas que ecoam os objetivos do nosso negócio [10]; (2) Melhorou as condições de vida no mundo e simultaneamente Aumentou as vendas [11]; (3) Proporcionou suporte a uma causa que tem íntima relação com a nossa marca empresarial [12]; (4) Desenvolveu produtos amigos do meio-ambiente [13]; (5) Fortaleceu a imagem da nossa organização [14]; (6) Planejou um tipo diferente de iniciativa para a Campanha de cada ano a fim de ser inovador; (7) Discutiu internamente sobre a melhor forma de alocar recursos, pessoas, tempo, mensagens e eventos; (8) Atraiu e Reteve funcionários altamente motivados que fossem sensíveis às causas que a empresa foca [15]; (9) Diminuiu custos operacionais [16]; (10) Diminuiu o orçamento de publicidade [17]; (11) Reduziu geração de lixo [18]; (12) Reusou materiais [19]; (13) Reciclou [20]; (14) Economizou água e energia elétrica [21]; (15) Aprimorou a maneira como investidores e analistas financeiros olham nossa organização [22]; (16) Obteve acesso a empréstimos com mais facilidade [23]; (17) Selecionou questões sociais sobre as quais nossos competidores não se preocupam [24]; (18) Apesar do devido envolvimento social, Permaneceu focado no nosso negócio principal; (19) Prendeu a atenção do público mais entusiasta sobre nossa iniciativa [25]; (20) Determinou as características sócio-demográficas deste público-alvo [26]; (21) Criou panfletos para anunciar a iniciativa e convidar as pessoas certas para tomar parte nela; (22) Calculou o orçamento da iniciativa [27]; (23) Coletou dinheiro das entidades que deram suporte à iniciativa [28]; (24) Convidou celebridades para conceder uma palestra de suporte; (25) Encorajou os participantes a darem uma mãozinha em favor da causa [29]; (26) Conduziu uma mudança de comportamento em relação à causa [30]; (27) Pesquisou sobre a eficácia da iniciativa após sua realização [31]; (28) Tomou ações corretivas nos anos sucessivos com a finalidade de evitar os erros percebidos em campanhas anteriores [32] e (29) Proporcionou feedback para a sociedade com fatos e dados melhorados como resultado da iniciativa, tanto quanto Informou o compromisso da nossa empresa com a causa social em questão no longo prazo [33]

3.21.Real Estate

Real Estate envolve atividades profissionais tais como gestão de propriedades imobiliárias a fim de que elas maximizem o lucro dos proprietários:

REAL ESTATE:

Negociação: *Planejamento*: (1) Usou informação sobre uma transação para moldar transações seguintes [1]; *Vendas*: (1) Criou políticas de vendas de propriedades; (2) Mostrou propriedades para clientes potenciais; (3) Detectou unicidade do comprador que aumentaria lucros [2]; (4) Manteve preço alto para o comprador [3]; (5) Evitou vender por menos do que o valor de mercado [4]; (6) Segmentou nossa clientela no mercado imobiliário de acordo com motivo da intenção de compra e tipo do comprador (público, particular) [5]; (7) Usou gestão de crédito para reduzir o risco de inadimplência; (8) Conduziu transações de venda; *Aquisições*: (1) Escreveu políticas de compra de imóveis; (2) Visitou imóveis que vislumbrava adquirir; (3) Reduziu o preço ofertado pelo vendedor [6]; (4) Evitou pagar acima do valor de mercado [7]; (5) Selecionou os melhores lugares para nossos escritórios e fábricas; (6) Executou transações de aquisição; *Aluguéis*: (1) Desenvolveu políticas para aluguel de propriedades; (2) Alugou propriedades para inquilinos propensos a pagar valores mais altos [8]; (3) Construiu funções de aluguel esperado para diversos usos do solo [9] e Realizou o melhor uso do solo [10]; (4) Melhorou prédios para persuadir inquilinos atuais a permanecerem por mais tempo; (5) Melhorou propriedades para persuadir inquilinos potenciais a assinarem contratos de aluguel de longo prazo; (6) Calculou taxas de desocupação esperadas; (7) Determinou valor de aluguéis e Conseguiu aceitação por parte do inquilino; (8) Determinou valores efetivos dos aluguéis [11]; (9) Avaliou o balanço entre o custo de deixar livre o imóvel e o valor da flexibilidade para melhorar os termos do aluguel [12]; (10) Reservou mais espaço para inquilinos que induzissem maior lucro para os outros inquilinos comerciais [13]; (11) Manteve segredo o valor real do aluguel e Revelou publicamente um valor maior do que o recebido [14]; (12) Maximizou o valor do edifício a taxas de desocupação usuais de X% e (13) Executou transações de aluguel

Avaliação: (1) Calculou aproximadamente o valor de cada ativo [15]; (2) Decidiu em quais propriedades ou projetos investir; (3) Estimou o risco do nível futuro de valores de aluguel esperados; (4) Estimou a depreciação de estruturas construídas em nossas propriedades; (5) Seguiu tendências de inflação; (6) Construiu uma planilha colocando renda de propriedades versus vários horizontes temporais [16] e (7) Projetou preços de venda futuros de propriedades [17]

Investimentos: _Doméstico_: (1) Criou políticas de investimentos; (2) Manteve-se atualizado com notícias do mercado imobiliário; (3) Avaliou o perfil dos donos da empresa como investidores; (4) Estimou o custo de oportunidade do capital [18]; (5) Diversificou investimentos [19] para mitigar riscos; (6) Satisfez o objetivo de retorno total de longo prazo de X% por ano para uma carteira de fundos de investimento; (7) Investiu em fundos aparentando estar abaixo do preço que deveriam estar; (8) Interrompeu investimentos em fundos aparentemente precificados acima do esperado; (8) Criou uma árvore de decisão com os resultados viáveis para decisões de investimento imobiliário; (9) Analisou questões de controle e governança antes de investir; (10) Calculou retornos esperados; (11) Avaliou o risco de uma miríade de propriedades comerciais; (12) Usou dispositivos legais de proteção tributária [20]; _Internacional_: (1) Avaliou custos e riscos [21] e Ingressou nos mercados imobiliários globais; (2) Definiu nosso própria estratégia de investimento internacional ótima [22]; (3) Geriu riscos monetários [23]; (4) Determinou melhor época de ingresso e (5) Determinou alocação ótima de recursos entre países e territórios [24]

Opções reais: (1) Exercitou opções; (2) Analisou opções; (3) Aguardou que o valor presente líquido de opções em análise fosse positivamente suficientemente alto para selecionar os melhores cursos de ação [25]; (4) Selecionou o momento de construir com um máximo valor presente líquido [26]; (5) Completou prédios totalmente operacionais e gerando receita; (6) Calculou o retorno esperado [27]; (7) Calculou a taxa de risco do retorno sobre o investimento [28]; (8) Analisou o balanço entre tempo e risco [29]; (9) Colocou num gráfico as probabilidades de avaliação [30] para cenários otimistas, esperados e pessimistas e (10) Evitou construir demais em um mesmo local

Projetos de desenvolvimento: (1) Conduziu uma análise financeira, mercadológica e competitiva [31]; (2) Levou a cabo uma análise física e de projeto [32]; (3) Avaliou implicações políticas e legais [33]; (4) Colocou num gráfico tempo, investimento cumulativo e nível de risco de projetos de desenvolvimento imobiliário [34]; (5) Determinou o melhor uso para propriedades [35]; (6) Colocou em ordem prioridades em retorno do investimento [36]; (7) Estimou custos de terreno e construção [37]; (8) Incluiu montantes de contingência para custos inesperados [38]; (9) Revisou orçamentos de construção; (10) Calculou o menor valor do aluguel por metro quadrado construído para o qual ele seria financeiramente viável [39]; (11) Determinou o tempo requerido para aprontar edificações para uso [40]; (12) Calculou custos de oportunidade de capital [41]; (13) Ordenou projetos por importância [42]; (14) Computou o valor do desenvolvimento em cada fase do projeto [43]; (15) Examinou desenvolvimentos de múltiplas fases [44]; (16) Dividiu projetos em passos [45] e (17) Analisou a viabilidade de construir vários tipos de desenvolvimento numa porção de terras [46]

3.22. Exemplo de CV de uma página

Até agora foram apresentadas centenas de exemplos de realizações profissionais vencedoras, as quais compõem um CV detalhado. No computador da empresa, o candidato pode armazenar informações sobre estas realizações em arquivos digitais. Entretanto, se o objetivo do candidato for sintetizar informações e apresentar um CV de uma página, somente as suas realizações profissionais mais importantes deverão ser escritas. Abaixo segue um exemplo:

EXPERIÊNCIA EM NEGÓCIOS
Início Empresa, Cidade, País
Fim *Cargo*

1. Governança Corporativa: Familiarizado com o Sarbanes-Oxley Act de 2002

2. Estratégia: Selecionou uma estratégia competitiva e Planejou ações para situações prováveis

3. Administração: Definiu organograma, Chefiou abertura da X filiais, Controlou resultado do grupo

4. Cultura Organizacional: Escolheu o indicador chave de desempenho para prestar atenção primária, Escreveu estórias para contar aos novatos, Proporcionou à empresa um perfil cultural dela mesma

5. Direito: Reuniu provas, Auxiliou escrita processual, Revisou cláusulas contratuais

6. Operações: Maximizou o uso dos gargalos operacionais, Implementou abordagens para aumentar eficácia e eficiência operacional

7. Negociação: Planejou e Conduziu negociações, Avaliou resultados e Mitigou imperfeições

8. Marketing: Atualizou mix, Gerou $ X milhões de receita (Y pedidos – X empresas), Criou Y marcas

9. Comércio Exterior: Coletou dados do mercado global, Emitiu documentos e Acompanhou embarques, Calculou custos e preços de venda, Desenvolveu rede de exportadores, importadores e agentes de carga

10. Suprimentos: Reduziu $ X mil em custos, Acrescentou Y fornecedores e X produtos

11. Recursos Humanos: Anunciou vagas, Entrevistou, Selecionou, Avaliou medidas operacionais, Treinou, Criou centro de desenvolvimento da carreira, Comunicou desempenho, Aumentou retenção

12. Comportamento Organizacional: Afiou as próprias habilidades de liderança, Supervisionou funcionários

13. Contabilidade: Controlou índices financeiros, Definiu políticas para ações futuras através de benchmarking

14. Gestão do Crédito: Controlou relatórios de crédito e cobrança, Calculou medidas de crédito e solvência

15. Finanças: Avaliou e Aplicou em fundos de investimento, Avaliou o valor da empresa para venda
16. Economia: Diminuiu desemprego contratando funcionários quando muitas empresas estavam demitindo
17. Seguros: Gerenciou riscos nos ramos Automóveis, Vida e Residência
18. Gestão da Qualidade e Ambiental: Preencheu questionários de auto-avaliação de fornecedores, Traduziu X Fichas de Segurança de Produtos Químicos
19. Responsabilidade Social: Contribuiu para as Metas de Desenvolvimento do Milênio da ONU (2000-2015)
20. Real Estate: Mostrou propriedades para vender, Visitou propriedades para adquirir

3.23.Considerações finais sobre experiência em negócios

Inicialmente, alguns tópicos aparecem mais de uma vez (como Estratégia, Recursos Humanos e Cultura Organizacional) porque alguns profissionais têm somente um dos outros assuntos tratados no livro e desejam apresentar uma pequena participação nestes assuntos.

No caso em que a empresa do profissional seja de capital fechado como as sociedades limitadas, ele ainda assim poderá ler e ficar familiarizado com a lei que rege a governança corporativa das empresas de capital aberto, facilmente baixada gratuitamente na internet, e colocar no CV o seguinte:

Governança Corporativa: (1) Familiarizado com o Ato Sarbannes-Oxley de 2002

Esta simples frase pode ser útil para convocar a uma entrevista o candidato que pretende ingressar numa sociedade anônima.

Caso a empresa do profissional ainda não opere no mercado internacional, ele poderá ler a legislação pertinente ao que é necessário para poder praticar o comércio exterior, e escrever:

Comércio Exterior: (1) Familiarizado com os procedimentos para tornar-se importador/exportador

E se a empresa do profissional vier a obter a autorização para operar no mercado internacional, ele poderá dizer:

Comércio Exterior: (1) Realizou a inserção da empresa no comércio exterior como importador ou exportador ou ambos

Quando a realização profissional declara como a empresa deve proceder, o leitor precisa estar apto a justificar essa decisão, dessa forma a realização não é absoluta, mas sim circunstancial; a negação ou a simples modificação do curso de ação a ser tomado pode ser mais conveniente caso haja motivo plausível. Por exemplo, caso falte tempo no processo seletivo dos candidatos, o profissional de recursos humanos poderá mencionar no CV:

Recursos Humanos: (1) Negou a realização de uma análise 360° dos candidatos e Conduziu um processo seletivo rápido

Caso para certos cargos seja importante uma análise profunda do perfil profissional dos candidatos, este mesmo gestor de recursos humanos poderá mencionar o oposto no próprio CV:

Recursos Humanos: (1) Realizou uma análise 360° dos candidatos a vagas principais

Por fim, nem todas as empresas possuem um sistema de gestão da qualidade e gestão ambiental. Mas lidam com empresas que possuem. Então a seguinte frase pode ser colocada no CV:

Gestão da Qualidade e Gestão Ambiental: (1) Preencheu questionários de auto-avaliação de fornecedores enviados pelos clientes certificados pelas normas ISO9001 e ISO14001

Seguindo o mesmo raciocínio apresentado até aqui nesta seção deste capítulo, outras modificações e inserções poderão ser conduzidas para adaptar os ensinamentos do livro à realidade do leitor.

Capítulo 4 – Experiência em Tecnologia da Informação

A experiência em tecnologia da informação compreende o domínio de hardware e o domínio de software.

4.1.Domínio de Hardware

Com relação a hardware, o conhecimento mínimo que o profissional de negócios deve possuir é o que permite usar os equipamentos de informática de maneira segura e eficaz. Pareceria que para este conhecimento mínimo não exista exames internacionais padronizados nem certificados. Um conhecimento mais ampliado que pode interessar a alguns profissionais de negócios consiste em saber distinguir equipamentos de informática de vários fabricantes, bem como saber as vantagens e desvantagens de cada um. Pareceria que alguns dos principais fabricantes de hardware no mundo [1] sejam Lenovo [2], Hewlett Packard [3], Dell [4], Acer [5] e Apple [6]. Alguns dos principais fabricantes de hardware do mundo oferecem exames padronizados e certificados para o conhecimento de seus equipamentos de hardware ao nível de vendas, conforme segue:

Lenovo

Certificações: Lenovo Certified Enterprise Server Technical Sales Professional e Lenovo Certified Enterprise Server Sales Professional

Link útil: http://www.lenovopartnernetwork.com/lcp-workpage

Hewlett Packard

Certificações: HPE Sales Certified – Enterprise Solutions e HPE Sales Certified SMB Solutions and Services

Link útil: http://certification-learning.hpe.com/tr/certifications

Já o conhecimento técnico de como consertar equipamentos de hardware não compete ao profissional de negócios em geral, mas caso o candidato tenha interesse nessa área, também existem exames padronizados e certificações.

4.2.Domínio de Software

Com relação a software, o conhecimento mínimo que o profissional de negócios deve possuir é domínio de programas aplicativos que permitem construir textos, planilhas, gráficos e apresentações de slides e o domínio de um programa empresarial multiuso, ou seja, que emite notas fiscais, coordena a carteira de cobrança, apresenta histórico de relacionamento com clientes e fornecedores, gera listas de estoque, entre outras funções. Um conhecimento mais ampliado que pode interessar a alguns profissionais de negócios consiste em saber detalhes de programas aplicativos e obter certificações que atestam esse conhecimento. A Microsoft [1] oferece exames padronizados para o conhecimento de seus programas aplicativos, conforme segue:

Exame 418 – Microsoft Office Word 2013 [2]

Exame 419 – Microsoft SharePoint 2013 [3]

Exame 420 – Microsoft Office Excel 2013 [4]

Exame 421 – Microsoft Office OneNote 2013 [5]

Exame 422 – Microsoft Office PowerPoint 2013 [6]

Exame 423 – Microsoft Office Outlook 2013 [7]

Exame 424 – Microsoft Office Access 2013 [8]

Exames 425 e 426 – Microsoft Office Word 2013 Expert [9]

Exames 427 e 428 – Microsoft Office Excel 2013 Expert [10]

Tão logo novas versões destes programas aplicativos surjam, novos exames surgirão. De acordo com alguns critérios, as seguintes certificações são emitidas para quem passa nos exames acima:

Microsoft Office Specialist [11]
Microsoft Office Specialist Expert [12]
Microsoft Office Specialist Master [13]

Link útil: https://www.microsoft.com/pt-br/learning/certification-overview.aspx

4.3.Exemplo de CV detalhado

EXPERIÊNCIA EM TECNOLOGIA DA INFORMAÇÃO

Hardware: _Lenovo_: Lenovo Certified Enterprise Server Technical Sales Professional e Lenovo Certified Enterprise Server Sales Professional; _Hewlett Packard_: HPE Sales Certified – Enterprise Solutions e HPE Sales Certified SMB Solutions and Services; Software: _Microsoft_: Microsoft Office Specialist; Microsoft Office Specialist Expert e Microsoft Office Specialist Master

4.4. Exemplo de CV de uma página

EXPERIÊNCIA EM TECNOLOGIA DA INFORMAÇÃO

Hardware: Recebeu X certificações dos principais fabricantes de computadores do mundo; Software: Aprovado em Y exames da Microsoft, tendo recebido X certificações

4.5. Considerações finais sobre experiência em tecnologia da informação

Com relação ao domínio de hardware, os profissionais que possuem certificados de fabricantes de hardware, não necessitam citar onde aprenderam, deixando o relato desta informação para a entrevista. Basta informar no CV o nome do certificado. Agora quem não possui nenhum certificado, pode colocar no CV as informações básicas sobre o estudo de hardware, que são o nome da escola (ou autodidata), localização, nome dos cursos realizados e sua duração total, conforme segue:

Hardware: *Lenovo, Hewlett Packard, Dell, Acer & Apple*: Escola "Nome" (país), Curso Básico, Intermediário e Avançado (duração total Y horas distribuídas em X anos – Início/Término)

Com relação ao domínio de software, os profissionais que possuem certificados Microsoft não necessitam citar onde aprenderam, deixando o relato desta informação para a entrevista. Basta informar no CV o nome do certificado. Agora quem não possui nenhum certificado, pode colocar no CV as informações básicas sobre o estudo de software, que são o nome da escola (ou autodidata), localização, nome dos cursos realizados e sua duração total, conforme segue:

Software: *Microsoft Word, Excel, PowerPoint, Access, Outlook, OneNote, Sharepoint*: Escola "Nome" (país), Curso Básico, Intermediário e Avançado (duração total Y horas distribuídas em X anos – Início/Término)

Capítulo 5 – Experiência Internacional

A experiência internacional compreende o domínio de línguas estrangeiras e o relacionamento com países estrangeiros.

5.1.Domínio de línguas estrangeiras

O domínio de línguas estrangeiras é demonstrado através do resultado de uma prova elaborada e corrigida por um organismo examinador internacional e administrada em centros de exames localizados em vários países. Cada língua possui um ou mais organismos examinadores, os quais emitem um certificado atestando que o candidato possui um determinado nível de domínio de uma língua estrangeira, qualquer que tenha sido o local e método de aprendizado. Os níveis são: A1 (básico inferior), A2 (básico superior), B1 (intermediário inferior), B2 (intermediário superior), C1 (avançado inferior) e C2 (avançado superior). Este sistema de níveis foi criado pela Europa há vários anos e permitiu padronizar os resultados porque serve para todas as línguas. Para saber mais sobre este sistema, também chamado de Quadro Comum Europeu de Referência para Línguas (da sigla CEFR em inglês), visite www.coe.int, onde encontrará descrições do que o falante consegue fazer em cada nível, com relação à compreensão e expressão escrita e sobre a compreensão e expressão oral.

Abaixo são listados alguns dos principais organismos examinadores de línguas estrangeiras do mundo:

Cambridge University (Inglês Geral, de Negócios, Jurídico e Financeiro)

Nomes dos exames: KET, PET, FCE, CAE, CPE, BEC P, BEC V, BEC H, ILEC, ICFE

Link útil: www.cambridgeenglish.org/

Trinity College London (Inglês Geral, Oral e de Negócios)

Nome dos exames: ISE, GESE, SEW

Link útil: http://www.trinitycollege.com/site/?id=263

Confucius Institute (Chinês Geral, Oral e de Negócios)

Nomes dos exames: HSK, HSKK, BCT

Links úteis: http://english.hanban.org/

http://www.chinaeducenter.com/en/

http://www.chinesetest.cn/index.do

Instituto Cervantes (Espanhol Geral)

Nome dos exames: DELE

Link útil: http://diplomas.cervantes.es/

Cámara de Madrid (Espanhol de Negócios, das Ciências da Saúde e do Turismo)

Iniciais dos exames: CBEN, CSEN, DEN, CBECS, CSECS, CBET, CSET

Link

útil:http://www.camaramadrid.es/asp/cursos/buscador2.asp

Centre International d'Études Pedagogiques (Francês Geral)

Nomes dos exames: DELF, DALF

Link útil: www.ciep.fr

Chambre de Commerce et d'Industrie de Paris (Francês Geral, de Negócios, Jurídico, Técnico e Científico, Médico, do Turismo e Hotelaria, da Diplomacia e Relações Internacionais, da Moda e do Design, do Secretariado)

Iniciais dos exames: DFP

Link útil: www.francais.cci-paris-idf.fr

Instituto Nacional de Estudos e Pesquisas Educacionais Anísio Teixeira (Português Geral)

Nome dos exames: CELPE-BRAS

Link útil: http://portal.inep.gov.br/celpebras/

Centro de Avaliação de Português Língua Estrangeira (Português Geral)

Nome dos exames: ACESSO, CIPLE, DEPLE, DIPLE, DAPLE, DUPLE

Link útil: http://caple.letras.ulisboa.pt/

Università per Stranieri di Perugia (Italiano Geral e Comercial)

Nomes dos exames: CELI, CIC

Link útil: www.cvcl.it

Università per Stranieri di Siena (Italiano Geral)

Nomes dos exames: CILS

Link útil: www.unistrasi.it

Goethe Institut (Alemão Geral e de Negócios)

Iniciais dos exames: Goethe-Zertifikat, BULATS Deutsch

Links úteis: https://www.goethe.de/de/spr/kup/prf/prf.html

Japan Foundation & Japan Educational Exchanges and Services (Japonês Geral)

Nome dos exames: JLPT

Link útil: http://www.jlpt.jp/e/

Russian Ministry of Education and Science (Russo Geral)

Nome dos exames: TORFL

Link útil: http://www.torfl.org/en

National Institute for International Education (Coreano Geral)

Nomes dos exames: TOPIK

Links
úteis:http://www.niied.go.kr/eng/contents.do?contentsNo=88
&menuNo=359
http://www.topik.go.kr/usr/cmm/subLocation.do?menuSeq=
2210101

5.2.Relacionamento com países estrangeiros

O relacionamento com países estrangeiros se manifesta através da penetração da empresa no mercado internacional, que pode ocorrer através de filiais no exterior (fabricantes ou distribuidoras), ou ainda no país de origem como importadora ou exportadora. O contato pode ser via telefone e e-mail e mais importantemente pessoalmente através de viagens ao exterior ou recepção de funcionários estrangeiros no país do candidato. Temporadas de estudos e turismo lá fora também enriquecem o CV.

5.3. Exemplo de CV detalhado

Para apresentar o domínio de línguas num CV detalhado, deve-se construir uma tabela com todos os certificados, indicando o nível e organismo examinador, e ainda destacando em negrito o certificado de maior nível alcançado em cada língua. Para sintetizar informações para quem recruta, poderão ser apresentados gráficos classificando todos os certificados obtidos por nível, língua e assunto. Para apresentar o relacionamento com países estrangeiros, as informações básicas são os nomes dos países e duração total da estadia, o que pode ser realizado através de uma tabela.

EXPERIÊNCIA INTERNACIONAL

Habilidade de Comunicação:

Organismo Examinador	N	Nome do Certificado	Nível
University of Cambridge	1	Key English Test	A2
	2	Preliminary English Test	B1
	3˙	First Certificate in English	B2
	4	Certificate in Advanced English	C1
	5	**Certificate of Proficiency in English**	**C2**

	6	Business English Certificate – Preliminary Level	B1
	7	Business English Certificate – Vantage Level	B2
	8	Business English Certificate – Higher Level	C1
	9	International Legal English Certificate	C1
	10	International Certificate in Financial English	C1
Centre International d'Études Pédagogiques	11	Diplôme d'Études en Langue Française – Niveau A1	A1
	12	Diplôme d'Études en Langue Française – Niveau A2	A2
	13	Diplôme d'Études en Langue Française – Niveau B1	B1
	14	Diplôme d'Études en Langue Française – Niveau B2	B2
	15	Diplôme Approfondi en Langue Française – Niveau C1	C1
	16	**Diplôme Approfondi en Langue Française – Niveau C2**	**C2**

Chambre de Commerce et d'Industrie de Paris	17	Diplôme de Français des Professions – Affaires – B2	B2
	18	Diplôme de Français des Professions – Affaires – C1	C1
	19	**Diplôme de Français des Professions – Affaires – C2**	**C2**
	20	Diplôme de Français des Professions – Juridique	B2
	21	Diplôme de Français des Professions Scientifique&Technique	B1
Universitá per Stranieri di Perugia	22	Certificato di Conoscenza della Lingua Italiana – Impatto	A1
	23	Certificato di Conoscenza della Lingua Italiana – Livello 1	A2
	24	Certificato di Conoscenza della Lingua Italiana – Livello 2	B1
	25	Certificato di Conoscenza della Lingua Italiana – Livello 3	B2
	26	Certificato di Conoscenza della Lingua Italiana – Livello 4	C1
	27	**Certificato di Conoscenza della**	**C2**

		Lingua Italiana – Livello 5	
	28	Certificato di Italiano Commerciale – Livello Intermedio	B1
	29	Certificato di Italiano Commerciale – Livello Avanzato	C1
Instituto Cervantes	30	Diploma de Español Lengua Extranjera – Nivel A1	A1
	31	Diploma de Español Lengua Extranjera – Nivel A2	A2
	32	Diploma de Español Lengua Extranjera – Nivel Inicial	B1
	33	Diploma de Español Lengua Extranjera – Nivel Intermedio	B2
	34	Diploma de Español Lengua Extranjera – Nivel C1	C1
	35	**Diploma de Español Lengua Extranjera – Nivel Superior**	**C2**
Cámara de Madrid	36	Certificado Básico de Español de los Negocios	B2
	37	Certificado Superior de Español	C1

		de los Negocios	
	38	**Diploma de Español de los Negocios**	**C2**

Resumo da Habilidade de Comunicação:

Língua	A1	A2	B1	B2	C1	C2	Total
Inglês	-	1	2	2	4	1	10
Francês	1	1	2	3	2	2	11
Italiano	1	1	2	1	2	1	8
Espanhol	1	1	1	2	2	2	9
Total	3	4	7	8	10	6	38

Língua	Inglês	Francês	Italiano	Espanhol	Total
Geral	5	6	6	6	23
Negócios	3	3	2	3	11
Jurídico	1	1	-	-	2
Finanças	1	-	-	-	1
Técnico	-	1	-	-	1
Total	10	11	8	9	38

Internacionalismo:

N	País	Estadia	N	País	Estadia
1	Estados Unidos	3 meses	11	França	20 dias
2	Canadá	15 dias	12	Itália	7 dias
3	México	7 dias	13	Alemanha	21 dias
4	Argentina	1 mês	14	África do Sul	7 dias
5	Paraguai	15 dias	15	Egito	10 dias
6	Uruguai	5 dias	16	China	1 mês
7	Aruba	7 dias	17	Japão	18 dias
8	Curaçao	1 dia	18	Coréia do Sul	6 dias
9	Portugal	6 dias	19	Rússia	2 dias
10	Espanha	16 dias	20	Austrália	9 dias

5.4.Exemplo de CV de uma página

Para apresentar o domínio de línguas num CV de uma página, deverá ser escrito ao lado do nome de cada língua o respectivo nível de domínio e em seguida relatar a quantidade total de certificados. Para apresentar o relacionamento com países estrangeiros, é suficiente colocar a quantidade total de países, que poderá ser acrescida do número de cidades visitadas.

EXPERIÊNCIA INTERNACIONAL

Nível de línguas: Inglês X, Chinês Y, Espanhol X, Francês Y, Português X, Italiano Y, Alemão X, Japonês Y, Russo X, Coreano Y; Habilidade de Comunicação: Obteve Y certificados de línguas estrangeiras emitidos pelos principais organismos examinadores do mundo; Internacionalismo: Viajou através de X países localizados na América, Europa, Ásia, África e Oceania (Y cidades)

5.5.Considerações finais sobre experiência internacional

Com relação ao domínio de línguas estrangeiras, os profissionais que possuem certificados internacionais emitidos por organismos examinadores, não necessitam citar onde aprenderam, deixando o relato desta informação para a entrevista. Basta informar no CV o nível que o certificado atesta. Agora quem não possui nenhum certificado, pode colocar no CV que o nível informado de domínio resultou de uma auto avaliação. Neste caso convém citar as informações básicas sobre o estudo de línguas, que são o nome da escola (ou autodidata), localização, nome dos cursos realizados e sua duração total, conforme segue:

Nível de Línguas (Auto avaliação): *Inglês X*: Escola "Nome" (país), Curso Básico, Intermediário e Avançado (duração total Y horas distribuídas em X anos – Início/Término); *Espanhol Y*: Escola "Nome" (país), Curso Básico e Intermediário (duração total X horas distribuídas em Y meses – Início/Término)

Com relação ao relacionamento com países estrangeiros, os profissionais que viajaram bastante só necessitam citar os nomes dos países e a estadia total, deixando o relato das atividades desenvolvidas para a entrevista. Agora quem viajou pouco, pode acrescentar informações tais como o ano em que viajou, motivo da viagem, atividades desenvolvidas, empresas visitadas e tipo de relacionamento com a empresa do viajante (fábrica, filial, cliente, fornecedor, entre outros), conforme segue:

Internacionalismo: *Estados Unidos (cidade)*: 5 Viagens de 2 semanas cada para visitar cliente-chave, fazer follow-up e negociar condições de fornecimento (anos); *Japão (cidade)*: 2 viagens de 1 mês cada para treinamento de motivação e vendas reunindo gerentes de todas filiais do mundo (anos), compreendendo visitas a fábricas onde usam nosso equipamento (nome das cidades e empresas)

Referências em ordem de seção

Seção 3.1

[1] baseado em United States Securities and Exchange Commission (2016) Sarbanes Oxley Act 2002 https://www.sec.gov/about/laws/soa2002.pdf (acessado em 9 de junho de 2016)

De [2] a [38] baseado em Larcker, D. & Tayan, B. (2011) Corporate Governance Matters – A closer look at organizational choices and their consequences, FT Press (Pearson Education), New Jersey, Estados Unidos, 480 páginas, ISBN-13: 978-0-13-351850-4

[2]: 77; [3]: 72; [4]: 72; [5]: 72; [6]: 72; [7]: 72; [8]: 72; [9]: 72; [10]: 72; [11]: 73; [12]: 73; [13]: 73; [14]: 204; [15]: 73; [16]: 216; [17]: 208; [18]: 191; [19]: 189-190; [20]: 190; [21]: 191; [22]: 190; [23]: 191; [24]: 193; [25]: 194; [26]: 287; [27]: 310; [28]: 363; [29]: 362; [30]: 365; [31]: 367; [32]: 365; [33]: 373; [34]: 370; [35]: 373; [36]: 397; [37]: 401 e [38]: 433

Seção 3.2

De [1] a [54] baseado em Porter, M.E. (1998) Competitive strategy: techniques for analyzing industries and competitors: with a new introduction, The Free Press (Simon & Schuster), New York, Estados Unidos, 396 páginas, ISBN-13: 978-0-684-84148-9

[1]: xxvii; [2]: 35; [3]: 35; [4]: 34; [5]: 324; [6]: 275; [7]: 4; [8]: 3; [9]: 158-161; [10]: 220; [11]: 71; [12]: 50&54; [13]: 51&54; [14]: 103; [15]: 52; [16]: 57-58; [17]: 68; [18]: 7; [19]: 10; [20]: 10; [21]: 9; [22]: 10; [23]: 18; [24]: 23; [25]: 24; [26]: 113; [27]: 120; [28]: 118; [29]: 110; [30]: 110; [31]: 121; [32]: 111; [33]: 115; [34]: 117; [35]: 119; [36]: 120; [37]: 121; [38]: 123; [39]: 124; [40]: 123; [41]: 123; [42]: 124; [43]: 88; [44]: 89; [45]: 90; [46]: 101; [47]: 93; [48]: 95; [49]: 102; [50]: 97; [51]: 98; [52]: 106; [53]: 106 e [54]: 86-87

Seção 3.3
De [1] a [96] baseado em Daft, R. L. & Marcic, D. (2015) Understanding Management, 9ª Edição, Cengage Learning, Stamford, Estados Unidos, 720 páginas, ISBN-13: 978-1-285-42123-0

[1]: 77; [2]: 78; [3]: 79; [4]: 87; [5]: 87; [6]: 182; [7]: 194; [8]: 189; [9]: 193; [10]: 194; [11]: 204; [12]: 199; [13]: 199; [14]: 188; [15]: 188; [16]: 182; [17]: 189; [18]: 188; [19]: 188; [20]: 164; [21]: 164; [22]: 164; [23]: 164; [24]: 164; [25]: 165; [26]: 166; [27]: 264; [28]: 287; [29]: 271; [30]: 292; [31]: 266; [32]: 290; [33]: 377; [34]: 355; [35]: 377; [36]: 361; [37]: 526; [38]: 532; [39]: 518; [40]: 376&508; [41]: 376; [42]: 531; [43]: 373; [44]: 376; [45]: 551; [46]: 566; [47]: 556; [48]: 559-560; [49]: 560; [50]: 560; [51]: 567; [52]: 595; [53]: 596; [54]: 596; [55]: 598; [56]: 598; [57]: 598; [58]: 600-601; [59]: 601; [60]: 609; [61]: 608; [62]: 100; [63]: 103; [64]: 107; [65]: 109; [66]: 108; [67]: 111-112; [68]: 319; [69]: 315; [70]: 327; [71]: 313; [72]: 632; [73]: 633; [74]: 633; [75]: 634-635; [76]: 637-638; [77]: 641; [78]: 647; [79]: 649; [80]: 43; [81]: 222; [82]: 222; [83]: 229; [84]: 229; [85]: 229; [86]: 229; [87]: 236; [88]: 237; [89]: 238; [90]: 239; [91]: 419; [92]: 420; [93]: 432; [94]: 436; [95]: 443-444 e [96]: 447

Seção 3.4

De [1] a [70] baseado em Schein, E. H. (2010) Organizational Culture and Leadership, 4ª Edição, Jossey-Bass (John Wiley & Sons), San Francisco, Estados Unidos, 436 páginas, ISBN-13: 978-0-470-19060-9

[1]: 302; [2]: 202; [3]: 84; [4]: 74; [5]: 88; [6]: 94; [7]: 98; [8]: 94; [9]: 94; [10]: 109; [11]: 111; [12]: 126; [13]: 130; [14]: 131; [15]: 140; [16]: 150; [17]: 150; [18]: 153; [19]: 219; [20]: 235; [21]: 226; [22]: 237; [23]: 240; [24]: 243; [25]: 249; [26]: 178&315; [27]: 179; [28]: 161; [29]: 178; [30]: 186; [31]: 377; [32]: 379; [33]: 318; [34]: 171; [35]: 277; [36]: 311; [37]: 279; [38]: 280; [39]: 291; [40]: 311; [41]: 294; [42]: 299; [43]: 312; [44]: 300; [45]: 303; [46]: 306; [47]: 309; [48]: 311; [49]: 366; [50]: 366; [51]: 367; [52]: 367; [53]: 369; [54]: 374; [55]: 374; [56]: 376; [57]: 376-377; [58]: 383; [59]: 379; [60]: 379; [61]: 379; [62]: 380; [63]: 386; [64]: 386; [65]: 387; [66]: 388; [67]: 388; [68]: 393; [69]: 394 e [70]: 398

Seção 3.5

De [1] a [4] baseado em Fuhrer, M. C. A. & Fuhrer, M. R. E. (2002) Resumo de Direito Tributário, 10ª edição, Volume 8, Coleção Resumos, Malheiros Editores, São Paulo, Brasil, 132 páginas, ISBN-10: 85-7420-343-2
[1]: 50; [2]: 52&58&70; [3]: 67 e [4]: 67

De [5] a [16] baseado em Fuhrer, M. C. A. & Fuhrer, M. R. E. (2002) Resumo de Direito do Trabalho, 8ª edição, Volume 9, Coleção Resumos, Malheiros Editores, São Paulo, Brasil, 191 páginas, ISBN-10: 85-7420-344-0

[5]: 26; [6]: 28; [7]: 44; [8]: 47&57; [9]: 64; [10]: 68; [11]: 70; [12]: 86; [13]: 89; [14]: 101-102; [15]: 135 e [16]: 170

De [17] a [19] baseado em International Labor Organization (2015) ILO Declaration on fundamental principles and rights at work; http://www.ilo.org (acessado em 12 de dezembro de 2015)

[20] baseado em Fuhrer, M. C. A. (2002) Resumo de Processo Civil, 24ª edição, Volume 4, Coleção Resumos, Malheiros Editores, São Paulo, Brasil, 160 páginas, ISBN-10: 85-7420-339-4
[20]: 24

[21] baseado em Fuhrer, M. C. A. (2002) Resumo de Direito Civil, 26ª edição, Volume 3, Coleção Resumos, Malheiros Editores, São Paulo, Brasil, 155 páginas, ISBN-10: 85-7420-338-6
[21]: 87

[22] baseado em Fuhrer, M. C. A. (2002) Resumo de Direito Comercial, 28ª edição, Volume 1, Coleção Resumos, Malheiros Editores, São Paulo, Brasil, 144 páginas, ISBN-10: 85-7420-336-X

[22]: 26

Seção 3.6

De [1] a [102] baseado em Stevenson, W. J. (2015) Operations Management, 12ª Edição, McGraw-Hill Education, New York, Estados Unidos, 904 páginas, ISBN-13: 978-0-07-802410-8

[1]: 42; [2]: 42; [3]: 79; [4]: 79; [5]: 79; [6]: 79; [7]: 91; [8]: 185; [9]: 186; [10]: 201; [11]: 197; [12]: 197; [13]: 199; [14]: 197; [15]: 338-339; [16]: 339; [17]: 339; [18]: 339; [19]: 191; [20]: 264; [21]: 265; [22]: 272; [23]: 250-262; [24]: 372; [25]: 378; [26]: 136; [27]: 136; [28]: 139; [29]: 151; [30]: 162; [31]: 153; [32]: 153; [33]: 548-549; [34]: 551; [35]: 550; [36]: 10; [37]: 554; [38]: 477; [39]: 497; [40]: 509; [41]: 28; [42]: 667-668; [43]: 656; [44]: 659; [45]: 650; [46]: 679; [47]: 823; [48]: 824; [49]: 824; [50]: 824; [51]: 217; [52]: 221; [53]: 223; [54]: 224; [55]: 291; [56]: 292; [57]: 293; [58]: 294; [59]: 296; [60]: 605; [61]: 629; [62]: 607; [63]: 606; [64]: 606; [65]: 606; [66]: 606; [67]: 606; [68]: 607; [69]: 689; [70]: 695; [71]: 696; [72]: 693; [73]: 710; [74]: 692; [75]: 692; [76]: 372; [77]: 378; [78]: 376; [79]: 380; [80]: 382; [81]: 386; [82]: 386; [83]: 385-390; [84]: 392; [85]: 397; [86]: 419-420; [87]: 412; [88]: 418; [89]: 421; [90]: 732; [91]: 735; [92]: 736; [93]: 736; [94]: 740; [95]: 740; [96]: 736; [97]: 736; [98]: 783; [99]: 787; [100]: 788; [101]: 790&801 e [102]: 810

Seção 3.7

De [1] a [42] baseado em Malhotra, D. & Bazerman, M. H. (2008) Negotiation Genius – How to overcome obstacles and achieve brilliant results at the bargaining table and beyond, Bantam Dell (Random House, Inc.), New York, Estados Unidos, 343 páginas, ISBN-13: 978-0-553-38411-6

[1]: 282; [2]: 27-30; [3]: 289-291; [4]: 72&74; [5]: 72; [6]: 74; [7]: 20; [8]: 37; [9]: 39; [10]: 74; [11]: 212; [12]: 53; [13]: 219; [14]: 219; [15]: 50; [16]: 65; [17]: 81; [18]: 31; [19]: 33; [20]: 64; [21]: 34; [22]: 34; [23]: 44; [24]: 42; [25]: 233; [26]: 239&249; [27]: 97; [28]: 44; [29]: 39; [30]: 96; [31]: 99; [32]: 76; [33]: 203; [34]: 201; [35]: 207; [36]: 214; [37]: 214; [38]: 297; [39]: 297; [40]: 299; [41]: 297 e [42]: 300

Seção 3.8

De [1] a [85] baseado em Kotler, P. & Armstrong, G. (1999) Princípios de Marketing, 7ª Edição, Livros Técnicos e Científicos Editora, Rio de Janeiro, Brasil, 527 páginas, ISBN-10: 85-216-1169-2

[1]: 23-25; [2]: 27-28; [3]: 35; [4]: 25-27; [5]: 31&34; [6]: 73; [7]: 80; [8]: 85; [9]: 97; [10]: 106; [11]: 129&165; [12]: 145; [13]: 148; [14]: 151; [15]: 160; [16]: 170; [17]: 177; [18]: 169; [19]: 170; [20]: 174; [21]: 190&195; [22]: 206; [23]: 191; [24]: 193; [25]: 193-195; [26]: 200; [27]: 195; [28]: 220-221; [29]: 228; [30]: 236; [31]: 243; [32]: 254; [33]: 257-258; [34]: 258; [35]: 261; [36]: 262; [37]: 262; [38]: 262; [39]: 262&264; [40]: 271; [41]: 272; [42]: 275; [43]: 280; [44]: 272; [45]: 285; [46]: 289; [47]: 287; [48]: 290; [49]: 297; [50]: 309; [51]: 310; [52]: 308; [53]: 320; [54]: 319; [55]: 323; [56]: 320; [57]: 321; [58]: 346; [59]: 349; [60]: 349; [61]: 330; [62]: 352; [63]: 352; [64]: 354; [65]: 354; [66]: 355; [67]: 356; [68]: 357; [69]: 357; [70]: 357; [71]: 357; [72]: 357; [73]: 369; [74]: 377; [75]: 398; [76]: 409; [77]: 410; [78]: 411; [79]: 423; [80]: 436; [81]: 443; [82]: 444; [83]: 457; [84]: 455 e [85]: 483

Seção 3.9
De [1] a [47] baseado em Cook, T. A., Alston, R. & Raia, K. (2012) Mastering Import & Export Management, 2ª Edição, Amacom (American Management Association), New York, Estados Unidos, 675 páginas, ISBN-13: 978-0-8144-2026-3

[1]: 287; [2]: 287; [3]: 39-40; [4]: 287; [5]: 287; [6]: 48; [7]: 200; [8]: 256; [9]: 76-79; [10]: 227; [11]: 41; [12]: 41; [13]: 41; [14]: 42; [15]: 42; [16]: 42; [17]: 42; [18]: 42; [19]: 43; [20]: 44; [21]: 44; [22]: 258; [23]: 255; [24]: 282-283; [25]: 282; [26]: 280; [27]: 285; [28]: 285; [29]: 149; [30]: 150; [31]: 151; [32]: 151; [33]: 151; [34]: 151; [35]: 151; [36]: 151; [37]: 102; [38]: 110; [39]: 106; [40]: 103&114; [41]: 105; [42]: 126; [43]: 111; [44]: 244; [45]: 246; [46]: 259 e [47]: 179-184

Seção 3.10

De [1] a [60] baseado em Monczca, R. M.; Handfield, R. B.; Giunipero, L. C. & Patterson, J. L. (2016) Purchasing & Supply Chain Management, 6ª Edição, Cengage Learning, Boston, Estados Unidos, 858 páginas, ISBN-13: 978-1-285-86968-1

[1]: 89; [2]: 377; [3]: 126; [4]: 162; [5]: 162; [6]: 108; [7]: 43; [8]: 43; [9]: 43; [10]: 43; [11]: 65; [12]: 62; [13]: 64; [14]: 64; [15]: 64; [16]: 256; [17]: 256; [18]: 256; [19]: 257; [20]: 260; [21]: 65; [22]: 196&510; [23]: 46; [24]: 219; [25]: 721; [26]: 288; [27]: 291; [28]: 292; [29]: 303; [30]: 306; [31]: 663; [32]: 665; [33]: 668; [34]: 674; [35]: 684; [36]: 381; [37]: 402; [38]: 393; [39]: 393; [40]: 547&549; [41]: 537; [42]: 553; [43]: 590; [44]: 552; [45]: 551; [46]: 553; [47]: 601; [48]: 601; [49]: 601; [50]: 605; [51]: 603; [52]: 608; [53]: 608; [54]: 608; [55]: 750; [56]: 750; [57]: 758; [58]: 769; [59]: 770 e [60]: 770

Seção 3.11

De [1] a [54] baseado em Mathis, R. L. & Jackson, J. H. (2006) Human Resource Management, 11ª Edição, South-Western (Thomson Corporation), Ohio, Estados Unidos, 606 páginas, ISBN-10:0-324-28958-8

[1]: 44; [2]: 48; [3]: 52; [4]: 49; [5]: 70; [6]: 69; [7]: 60; [8]: 57; [9]: 61; [10]: 60; [11]: 194; [12]: 195; [13]: 197; [14]: 201; [15]: 206; [16]: 196; [17]: 217; [18]: 213; [19]: 236; [20]: 249; [21]: 233; [22]: 233; [23]: 269; [24]: 269&285; [25]: 273; [26]: 274; [27]: 275; [28]: 296; [29]: 315; [30]: 314; [31]: 329; [32]: 333&343; [33]: 333; [34]: 350; [35]: 355; [36]: 357; [37]: 385; [38]: 386; [39]: 376; [40]: 460&474; [41]: 475; [42]: 468-469; [43]: 474; [44]: 467; [45]: 469; [46]: 480; [47]: 485; [48]: 482; [49]: 483; [50]: 485; [51]: 494; [52]: 499; [53]: 517 e [54]: 527

Seção 3.12

De [1] a [60] baseado em Robbins, S. P. & Judge, T. A. (2015) Organizational Behavior, 16ª Edição, Pearson Education Inc., New Jersey, Estados Unidos, 709 páginas, ISBN-13: 978-0-13-350764-5

[1]: 359; [2]: 466; [3]: 452; [4]: 113; [5]: 96; [6]: 70; [7]: 282; [8]: 122; [9]: 124; [10]: 136; [11]: 139; [12]: 153; [13]: 154; [14]: 139; [15]: 190; [16]: 347; [17]: 346; [18]: 73-77; [19]: 235; [20]: 279; [21]: 286; [22]: 289; [23]: 265; [24]: 265; [25]: 280; [26]: 288; [27]: 322; [28]: 325; [29]: 325; [30]: 325; [31]: 325; [32]: 315; [33]: 332; [34]: 344; [35]: 348; [36]: 346; [37]: 415; [38]: 417; [39]: 416; [40]: 419; [41]: 439; [42]: 434; [43]: 433; [44]: 436; [45]: 437; [46]: 477; [47]: 466; [48]: 468; [49]: 499; [50]: 503-505; [51]: 507; [52]: 512; [53]: 507; [54]: 517; [55]: 534; [56]: 535; [57]: 537; [58]: 546-548; [59]: 551 e [60]: 557

Seção 3.13

De [1] a [57] baseado em Warren, C. S.; Reeve, J. M. & Duchac, J. E. (2016) Accounting, 26ª Edição, Cengage Learning, Boston, Estados Unidos, 1254 páginas, ISBN-13: 978-1-285-74361-5

[1]: 3; [2]: 3; [3]: 3; [4]: 4; [5]: 4; [6]: 71; [7]: 801; [8]: 801; [9]: 117; [10]: 118; [11]: 417; [12]: 421; [13]: 228; [14]: 507; [15]: 508-510; [16]: 516-517; [17]: 517; [18]: 521; [19]: 373; [20]: 374; [21]: 376; [22]: 374; [23]: 375; [24]: 375; [25]: 376; [26]: 380; [27]: 378-380; [28]: 816; [29]: 816; [30]: 552; [31]: 559; [32]: 563; [33]: 564; [34]: 564; [35]: 684; [36]: 685; [37]: 685; [38]: 685; [39]: 700; [40]: 605; [41]: 995; [42]: 995; [43]: 998; [44]: 980; [45]: 986; [46]: 986; [47]: 1168; [48]: 1171; [49]: 1183; [50]: 1126-1128; [51]: 1082; [52]: 1124; [53]: 1132; [54]: 1037-1050; [55]: 1218; [56]: 1230 e [57]: 1232

Seção 3.14

De [1] a [21] baseado em Bullivant, G. (2010) Credit Management, 6ª Edição, Gower Publishing Limited (Ashgate Publishing Company), Surrey, Inglaterra, 735 páginas, ISBN-13: 978-0-566-08842-1

[1]: 51; [2]: 63; [3]: 90; [4]: 117; [5]: 92-93; [6]: 201-202; [7]: 421; [8]: 163; [9]: 280; [10]: 188-189; [11]: 190; [12]: 354; [13]: 284; [14]: 324; [15]: 320; [16]: 273; [17]: 343; [18]: 388; [19]: 635-639; [20]: 639 e [21]: 656

Seção 3.15

De [1] a [76] baseado em Brealey, R. A.; Myers, S. C. & Allen, F. (2008) Princípios de Finanças Corporativas, 8ª Edição, McGraw-Hill Interamericana, São Paulo, Brasil, 918 páginas, ISBN-13: 978-85-7726-017-1

[1]: 374; [2]: 163; [3]: 432; [4]: 423; [5]: 463; [6]: 411-412; [7]: 362; [8]: 365; [9]: 365; [10]: 381; [11]: 365; [12]: 381; [13]: 101; [14]: 697; [15]: 693; [16]: 729; [17]: 728; [18]: 722; [19]: 722; [20]: 101; [21]: 129; [22]: 135; [23]: 640; [24]: 670; [25]: 189; [26]: 202; [27]: 203; [28]: 203&677; [29]: 55; [30]: 64; [31]: 319; [32]: 318; [33]: 319; [34]: 338; [35]: 351; [36]: 339; [37]: 339; [38]: 341; [39]: 340; [40]: 340; [41]: 340; [42]: 589; [43]: 608; [44]: 600; [45]: 603; [46]: 600; [47]: 604; [48]: 477&496; [49]: 477; [50]: 500; [51]: 505; [52]: 508; [53]: 445; [54]: 445; [55]: 445; [56]: 523; [57]: 524; [58]: 539; [59]: 523; [60]: 528; [61]: 530-534; [62]: 533; [63]: 533; [64]: 539; [65]: 618; [66]: 622; [67]: 618; [68]: 774; [69]: 774; [70]: 781; [71]: 783; [72]: 805; [73]: 809; [74]: 809; [75]: 811 e [76]: 811

Seção 3.16

De [1] a [13] baseado em Mankiw, N. G. (1999) Introdução a Economia – Princípios de Micro e Macroeconomia, Editora Campus, Rio de Janeiro, Brasil, 805 páginas, ISBN-10: 85-352-0393-1

[1]: 268; [2]: 269; [3]: 270; [4]: 271; [5]: 271; [6]: 280-281; [7]: 312; [8]: 317; [9]: 330; [10]: 331; [11]: 359-360; [12]: 628 e [13]: 629

Seção 3.17

De [1] a [36] baseado em Rejda, G. E. & McNamara, M. J. (2014) Principles of Risk Management and Insurance, 12ª Edição, Pearson Education Inc., Nova Jersey, Estados Unidos, 702 páginas, ISBN-13: 978-0-13-299291-6

[1]: 22-23; [2]: 45; [3]: 46; [4]: 46; [5]: 47; [6]: 47; [7]: 71; [8]: 47; [9]: 55; [10]: 71; [11]: 80; [12]: 48; [13]: 106; [14]: 110; [15]: 47; [16]: 47; [17]: 48; [18]: 51; [19]: 45; [20]: 110; [21]: 109; [22]: 110; [23]: 108; [24]: 109; [25]: 201; [26]: 235; [27]: 329; [28]: 329; [29]: 356; [30]: 106; [31]: 427; [32]: 435; [33]: 462; [34]: 581; [35]: 588 e [36]: 589

Seção 3.18

De [1] a [43] baseado em Tricker, R. (2010) ISO 9001:2008 for small businesses, 4ª Edição, Butterworth-Heinemann (Elsevier), Oxford, Reino Unido, 458 páginas, ISBN-13: 978-1-85617-861-7

[1]: 53; [2]: 120; [3]: 68; [4]: 72; [5]: 121; [6]: 161; [7]: 181; [8]: 18-19; [9]: 14; [10]: 82-83; [11]: 97; [12]: 121; [13]: 96; [14]: 125; [15]: 93; [16]: 164; [17]: 425; [18]: 442; [19]: 147; [20]: 384; [21]: 160; [22]: 306; [23]: 300; [24]: 40; [25]: 4; [26]: 179; [27]: 174; [28]: 434; [29]: 309; [30]: 309; [31]: 443; [32]: 443; [33]: 443; [34]: 441; [35]: 348; [36]: 352; [37]: 353; [38]: 314; [39]: 311; [40]: 311; [41]: 134; [42]: 134 e [43]: 134

Seção 3.19

De [1] a [46] baseado em Haider, S. I. (2011) Environmental Management System ISO 14001:2004 – Handbook of transition with CD-ROM, CRC Press (Taylor & Francis Group), Boca Raton, Estados Unidos, 575 páginas, ISBN-13: 978-1-4398-2939-4

[1]: 30; [2]: 90; [3]: 29; [4]: 171; [5]: 147; [6]: 106; [7]: 84; [8]: 106-107; [9]: 112; [10]: 111; [11]: 110; [12]: 110; [13]: 206-207; [14]: 206; [15]: 206; [16]: 154; [17]: 149; [18]: 149; [19]: 149; [20]: 260; [21]: 260; [22]: 203; [23]: 260; [24]: 260; [25]: 260; [26]: 462; [27]: 260; [28]: 218; [29]: 228; [30]: 206; [31]: 228; [32]: 228; [33]: 228; [34]: 228; [35]: 238; [36]: 238; [37]: 237; [38]: 238; [39]: 238; [40]: 174; [41]: 175; [42]: 175; [43]: 180; [44]: 180; [45]: 180&238 e [46]: 180

Seção 3.20

De [1] a [9] baseado em United Nations (2016) Millenium Development Goals, http://www.un.org/millenniumgoals/ (acessado em 1 de maio de 2016)

De [10] a [33] baseado em Kotler, P. & Lee, N. (2005) Corporate Social Responsibility – Doing the most good for your company and your cause, John Wiley & Sons, Inc., New Jersey, Estados Unidos, 307 páginas, ISBN-13: 978-0-471-47611-5

[10]: 9; [11]: 10; [12]: 13; [13]: 12; [14]: 13-14; [15]: 16; [16]: 17; [17]: 17; [18]: 17; [19]: 17; [20]: 17; [21]: 17; [22]:17; [23]: 18; [24]: 18-19; [25]: 272; [26]: 91; [27]: 272; [28]: 187; [29]: 51-52; [30]: 114; [31]: 257; [32]: 268 e [33]: 274

Seção 3.21

De [1] a [46] baseado em Geltner, D. M.; Miller, N. G.; Clayton, J. & Eichholtz, P. (2007) Commercial Real Estate Analysis & Investments, 2ª Edição, Cengage Learning, Mason, Estados Unidos, 848 páginas, ISBN-13: 978-0-324-30548-7

[1]: 288; [2]: 269; [3]: 268; [4]: 269; [5]: 4-5; [6]: 268; [7]: 269; [8]: 63; [9]: 64; [10]: 64; [11]: 813; [12]: 822; [13]: 824; [14]: 826; [15]: 202; [16]: 236; [17]: 243; [18]: 782; [19]: 524; [20]: 324; [21]: 627-628; [22]: 628; [23]: 628; [24]: 652; [25]: 733; [26]: 733; [27]: 739; [28]: 739; [29]: 741; [30]: 742; [31]: 758; [32]: 758; [33]: 758; [34]: 759; [35]: 758; [36]: 763; [37]: 763; [38]: 768; [39]: 771; [40]: 780; [41]: 775; [42]: 795; [43]: 800; [44]: 799; [45]: 800 e [46]: 770

Seção 4.1

[1] baseado em Blog Bring It (2014) As cinco maiores fabricantes de computadores do mundo http://blogbringit.com.br/home/as-cinco-maiores-fabricantes-de-computadores-do-mundo (acessado em 24 de maio de 2016 & publicado em 18 de dezembro de 2014)

[2] baseado em Lenovo (2016) Lenovo http://www.lenovo.com/br/pt/ (acessado em 24 de maio de 2016)

[3] baseado em Hewlett Packard (2016) HP http://www8.hp.com/br/pt/home.html (acessado em 24 de maio de 2016)

[4] baseado em Dell (2016) Dell http://www.dell.com/br/p/deals (acessado em 24 de maio de 2016)

[5] baseado em Acer (2016) Acer http://www.acer.com/ac/pt/BR/content/home (acessado em 24 de maio de 2016)

[6] baseado em Apple (2016) Apple http://www.apple.com/br/ (acessado em 24 de maio de 2016)

Seção 4.2

De [1] a [13] baseado em Microsoft (2016) Microsoft https://www.microsoft.com/pt-br/ (acessado em 24 de maio de 2016)